Klasse 5-7

Tobias Vonderlehr

Lernwerkstatt

Klimazonen und Landschaften

Von der Taiga bis zum Regenwald

Lernen mit Erfolg

KOHL VERLAG

Lernwerkstatt KLIMAZONEN & LANDSCHAFTEN
Von der Taiga bis zum Regenwald

6. Auflage 2025

© Kohl-Verlag, Kerpen 2017
Alle Rechte vorbehalten.

Inhalt: Tobias Vonderlehr
Coverbilder: © JFL Photography, herbertlewald, eyetronic & Hunta - fotolia.com
Redaktion: Kohl-Verlag
Grafik & Satz: Eva-Maria Noack & Kohl-Verlag
Druck: Farbo prepress GmbH, Köln

Bestell-Nr. 11 965

ISBN: 978-3-96040-112-4

Kontakt: Kohl-Verlag, An der Brennerei 37-45, 50170 Kerpen
Tel: +49 2275 331610, Mail: info@kohlverlag.de

Unsere Lizenzmodelle

Der vorliegende Band ist eine Print-__Einzellizenz__

Sie wollen unsere Kopiervorlagen auch digital nutzen? Kein Problem – fast das gesamte KOHL-Sortiment ist auch sofort als PDF-Download erhältlich! Wir haben verschiedene Lizenzmodelle zur Auswahl:

↓

	Print-Version	PDF-Einzellizenz	PDF-Schullizenz	Kombipaket Print & PDF-Einzellizenz	Kombipaket Print & PDF-Schullizenz
Unbefristete Nutzung der Materialien	x	x	x	x	x
Vervielfältigung, Weitergabe und Einsatz der Materialien im eigenen Unterricht	x	x	x	x	x
Nutzung der Materialien durch alle Lehrkräfte des Kollegiums an der lizensierten Schule			x		x
Einstellen des Materials im Intranet oder Schulserver der Institution			x		x

Die erweiterten Lizenzmodelle zu diesem Titel sind jederzeit im Online-Shop unter www.kohlverlag.de erhältlich.

Inhaltsverzeichnis

Lernwerkstatt KLIMAZONEN & LANDSCHAFTEN   –   Bestell-Nr. 11 965
Von der Taiga bis zum Regenwald

KOHL VERLAG

Vorwort

Liebe Kolleginnen und Kollegen,

dieses Werk zum Thema „Lernwerkstatt: Klimazonen und Landschaften" soll Ihnen Ihre alltägliche Arbeit rund um diesen Themenkomplex ein wenig erleichtern. Dabei war es uns besonders wichtig, Arbeitsblätter zu kreieren, die möglichst schüler- und handlungsorientiert sind und mehrere Lerneingangskanäle ansprechen.

Die Reihenfolge der Arbeitsblätter ist variabel, sodass es der unterrichtenden Lehrkraft völlig freigestellt ist, welche Materialien im Unterricht zum Einsatz gebracht werden. Die Konzeption der hier vorliegenden Unterrichtsmaterialien zielt darauf ab, Schüler* in ihrer persönlichen Entwicklung zu fördern, die geographischen Kompetenzen zu steigern und die jeweiligen Arbeitsaufträge zielorientiert umzusetzen.

Von der polaren Zone über die gemäßigten Breiten bis zu den tropischen Gebieten lernen die Schüler die Variationen globaler Vielfalt kennen. Die Lebensbedingungen unter den jeweiligen Naturgegebenheiten, Fauna und Vegetation werden thematisiert. Die Landschaften der Gebirge, der Savannen und Wüsten werden ebenfalls behandelt und den Schülern als Lerninformationen dargeboten.

Die didaktische Konzeption des Werkes überlässt es Ihren, auch nur Teile des Bandes passend zu Ihren unterrichtlichen Bedürfnissen einzusetzen. Motivierend und zur individuellen Wiederholung geeignet, sind auch die Rätsel und Spiele im hinteren Teil des Werkes. Wird das Bild-Begriff-Zuordnungsspiel von Ihnen vorbereitet und zur besseren Haltbarkeit laminiert, kann es immer wieder während freier Arbeitsformen eingesetzt werden.

Nach dieser kurzen Einführung wünschen Ihnen viel Spaß beim Einsatz der Materialien Ihr Kohl-Verlagsteam sowie

Tobias Vonderlehr

Aufgrund der besseren Lesbarkeit wird im Folgenden die männliche Form Schüler bzw. Lehrer verwendet. Gemeint sind damit selbstverständlich auch die weiblichen Personen.

Bedeutung der Symbole:

 Einzelarbeit
EA

 Partnerarbeit
PA

 Schreibe ins Heft

 Arbeiten in kleinen Gruppen
kG

 Arbeiten mit der ganzen Gruppe
GA

Lernwerkstatt KLIMAZONEN & LANDSCHAFTEN
Von der Taiga bis zum Regenwald – Bestell-Nr. 11 965

 KOHL VERLAG

I. Klimazone – was ist das?

- _____ sind großflächige Gebiete mit ähnlichem Klima. Diese Zonen verteilen sich - mit Ausnahme der Gebiete um Nord- und _____pol – grob _____ um die Erde.

- Die Ausbildung unterschiedlicher Klimazonen liegt hauptsächlich am Neigungswinkel der Erde. Dadurch fallen die _____ in unterschiedlichen Einfallswinkeln auf die Erde. Der Einfallswinkel bestimmt die Strahlungsintensität der Sonne und somit eben das Klima.

- Es können _____Klimazonen unterschieden werden: Polargebiete, Subpolargebiete, Gemäßigte Zone, Subtropen und _____ .

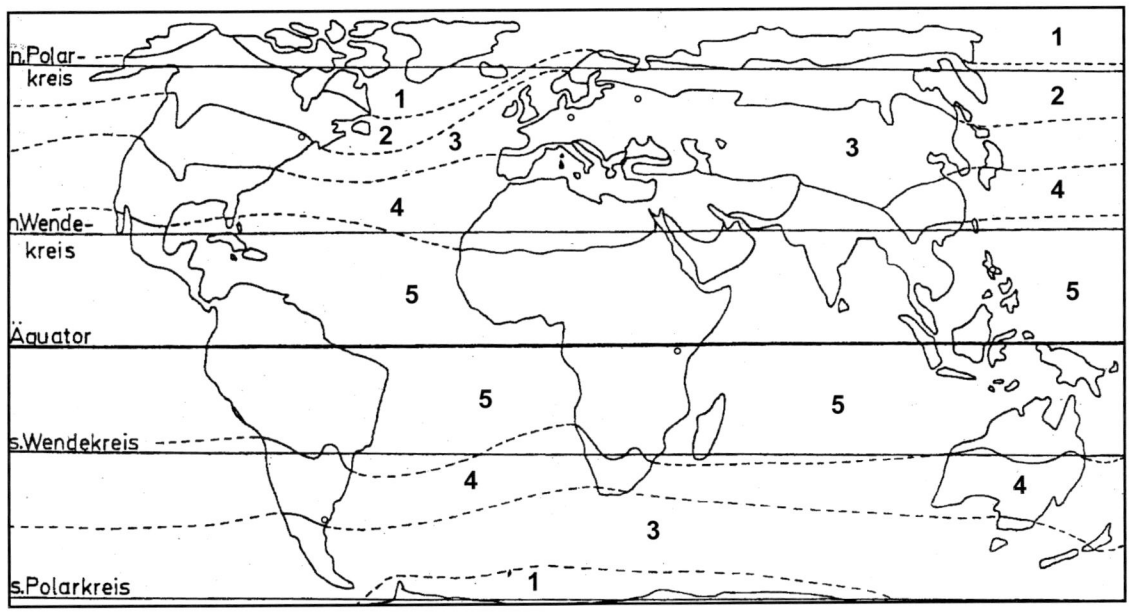

Aufgabe 1: *Setze die Begriffe sinnvoll in den Lückentext ein.*

Süd • Sonnenstrahlen • Tropen • ringförmig • Klimazonen • fünf

Aufgabe 2: *Notiere die Namen der in der oberen Karte durchnummerierten Klimazonen. Tipp: Du findest sie im Lückentext.*

Aufgabe 3: *Finde mit Hilfe von Atlas oder Internet heraus, in welcher Klimazone die folgenden Städte liegen:*

Berlin _____   Moskau _____   Buenos Aires _____

Ottawa _____   Nairobi _____   Manila _____

Lernwerkstatt KLIMAZONEN & LANDSCHAFTEN
Von der Taiga bis zum Regenwald – Bestell-Nr. 11 965

KOHL VERLAG

II. Die polare Klimazone

2.1 Die polare Klimazone und der Mensch

Temperaturen von –60° C und darunter sind keine Seltenheit.

Sogar knapp –90° C wurden bereits am Südpol gemessen. Daher ist es verständlich, dass Menschen sowohl am Nordpol als auch am Südpol eher die Ausnahme sind. Inuits, Jakuten und Lappen (Samen) sind nur einige Völker, die der eisigen Kälte trotzen. Und doch gehören die polaren Gebiete zu den interessantesten Orten der Erde und faszinieren viele Menschen.

Forscher aus aller Welt haben es sich zur Aufgabe gemacht, die Eiswüsten unseres Planeten näher kennen zu lernen. Sie leben in gut isolierten Häusern – den Forschungsstationen.

Diese Forscher hier auf dem Bild rechts wollen zum Beispiel mehr über das Leben von Pinguinen erfahren. Andere wiederum forschen über andere Tiere oder das Klima.

Die Polargebiete funktionieren nämlich wie ein riesiger Kühlschrank für den gesamten Planeten Erde. Daher ist es wichtig, die eisige Region zu schützen und zu erhalten, um zu verhindern, dass die Erde ins „Schwitzen" gerät.

EA

Aufgabe 1: *Erkläre:*
Was könnte passieren, wenn es den „Kühlschrank der Erde",
die Polarregionen, nicht mehr gäbe?

Lernwerkstatt KLIMAZONEN & LANDSCHAFTEN
Von der Taiga bis zum Regenwald   –   Bestell-Nr. 11 965
KOHL VERLAG

2.2   Die polare Klimazone und die Tierwelt

EA

Aufgabe 1:   *Trage die Tiere, die in den Polarregionen der Erde leben, in das Gitterrätsel ein. Die Buchstaben in den markierten Feldern ergeben ein Lösungswort.*

Waagerecht:
- 5.   Ein Vogel, der nicht fliegen, aber sehr gut schwimmen kann
- 9.   Ein jagendes und fleischfressendes Säugetier mit hellem, dichtem Fell
- 11.   Mit Walrossen und Robben verwandtes Tier
- 12.   Kleinstlebewesen, die Wale gerne verspeisen
- 13.   Weibliche, sehr schwere Tiere mit Flossen

Senkrecht:
- 1.   Schwere robbenähnliche Tiere mit Stoßzähnen
- 2.   Kleine Robbenart
- 3.   Ältere und erfahrene Seeleute werden nach diesen Tieren benannt
- 4.   Reinecke der kältesten Region der Erde
- 6.   Fischart
- 7.   Verwandter des Hundes der kältesten Erdregion
- 8.   Sie haben eine große Rückenflosse
- 10.   Sie gehören zu den größten Tieren der Erde und leben im Wasser

Lösungswort:

_ _ _ _ M _

2.3 Die polare Klimazone und die Pflanzenwelt

Die Temperaturen in den Polargebieten übersteigen selten die Nullgradgrenze. Das Klima der polaren Zone ist geprägt durch eine lange und kalte Winterzeit, in welcher der Boden bis in große Tiefen gefroren ist (Permafrostboden). Im Sommer herrschen ebenfalls sehr geringe Temperaturen.

EA

Aufgabe 1: *Übertrage den Text im Kasten in der richtigen Reihenfolge und Schreibweise in dein Heft. Arbeite dich von rechts unten nach links oben vor.*

.etsüwsiE renie sua hcilßeilhcssua osla thetseb tfahcsdnaL esolsnoitategev eiD .fua hcilhcälfrebo run tuat nedoB reD .nnak nehetstne noitategeV eniek dnu nefualba esehtnysotohP eniek ssadoс ,nedoB ned fua lekniW nehcalf rhes menie ni nnad hcua nelhartsnennoS eid nellaf hcodej ,retniW mi sla rehöh rawz remmoS mi tsi gnulhartsni- ennennoS eiD

Südpol und Nordpol – Nichts außer Schnee und Eis?

Die beiden Polargebiete der Erde weisen viele Gemeinsamkeiten, aber auch Unterschiede auf. Das Gebiet um den Nordpol, die Arktis, ist ein Teil von drei Kontinenten: Nordamerika, Europa und Asien. Das Gebiet um den Südpol dagegen liegt zentral um einen Kontinent, der meist selbst Antarktis genannt wird. Beide Regionen zeichnen sich durch extreme klimatische Verhältnisse aus, die von Kälte, Schnee und Eis geprägt sind.

Die Arktis ist ein traditionell von Menschen besiedeltes Gebiet. Für die Eskimos, Jakuten und Samen ist die Arktis schon seit langer Zeit Heimat. Die Antarktis dagegen war vor dem 19. Jahrhundert nie von Menschen besiedelt. Die „Bevölkerung" der Antarktis besteht auch heute lediglich aus Wissenschaftlern, die sich in Forschungsstationen aufhalten – in den Wintermonaten sind es nur einige Hundert, in den Sommermonaten um die 2500.

Die in der Arktis vorkommenden Pflanzen sind mit den in den Alpen wachsenden Arten verwandt. Die in der Arktis herrschenden klimatischen Verhältnisse beeinflussen jedoch deutlich den Lebenszyklus der Pflanzen. Im Vergleich dazu besteht die Flora der Antarktis fast ausschließlich aus blütenlosen, sehr kleinen Sporenpflanzen (Moose, Pilze, Flechten und Algen). Bedingt durch die extremen klimatischen Bedingungen weisen weder die Arktis noch die Antarktis eine reiche Tierwelt auf. Typisch für die arktischen Gebiete sind der Eisbär, Schneehund und Schneehase. In der Antarktis sind Pinguine und Wale zu Hause. Gemeinsam ist beiden Regionen jedoch, dass sie zum Beispiel durch das Abschmelzen des Eises in gleicher Weise vom Klimawandel betroffen sind.

EA

Aufgabe 2: *Lies den Text und erstelle eine Tabelle in deinem Heft, in die du Gemeinsamkeiten und Unterschiede stichpunktartig einträgst.*

Lernwerkstatt KLIMAZONEN & LANDSCHAFTEN
Von der Taiga bis zum Regenwald – Bestell-Nr. 11 965

3.1 Die subpolare Klimazone und der Mensch

Über Jahrtausende haben sich die Inuit an die harten Lebensbedingungen der subpolaren Zone angepasst. Ihre gesamte Lebensgrundlage wurde durch die Jagd geschaffen. Sie waren und viele sind auch heute noch exzellente Jäger. Um die großen Tiere wie Eisbären, Robben, Wale, Karibus zu erlegen wurden besondere Jagdmethoden angewendet. Jagdgeräte waren Harpunen und Geräte aus Knochen. Inuit gehören zwar zu einer „ethnischen Gruppe" von Menschen und stehen untereinander in Kontakt, sie sind aber Staatsbürger verschiedenster Staaten, nämlich Kanada, USA (Alaska), Dänemark (Grönland), Russland (Sibirien). Heute arbeiten die Menschen als Bergleute, Seeleute und auf den Öl- oder Gasfeldern.

Der Unterschied zwischen dem früheren und dem heutigen Leben der Inuit ist sehr groß. Früher lebten sie in Siedlungen von fünf bis zehn Häusern. Es gab keine Schulen, sondern die Kinder lernten alles von ihren Eltern. Heute leben in solchen Siedlungen über 100 Inuit und es gibt Schulen und Supermärkte.

Früher gingen die Jungen mit ihren Vätern auf die Jagd und lernten dort Robben, Fische und Karibus zu erlegen. Außerdem lernten sie dabei, in der Natur zu überleben. Die Mädchen blieben mit ihren Müttern zu Hause und lernten dort Haushaltsführung, Kochen und das Anfertigen von Kleidung. Die heutigen Inuit fahren weite Strecken mit dem Motorschlitten und kaufen sich Daunenjacken und Thermohosen im Supermarkt.

Eine traurige Tatsache ist, dass Jugendliche heutzutage das traditionelle Leben der Inuit nicht mehr kennen. Viele Inuit sind nun arbeitslos oder alkoholabhängig.

Aufgabe 1:

EA

Erstelle eine Tabelle in deinem Heft und trage ein, wie sich das Leben der Inuit früher und heute unterscheidet. Wichtige Punkte sind dabei unter anderem Beruf/Tätigkeit, Lebensweise ...

Aufgabe 2:

EA

Markiere in der Weltkarte diejenigen Länder, von denen im Text die Rede ist und die als Heimat der Inuit angesehen werden können.

Lernwerkstatt KLIMAZONEN & LANDSCHAFTEN
Von der Taiga bis zum Regenwald – Bestell-Nr. 11 965

3.2 Die subpolare Klimazone und die Tierwelt

EA

Aufgabe 1: *Ordne die Nummern der Tiere den entsprechenden Tierschatten zu.*

1 Schneehase	**6** Pinguin	**11** Walross
2 Eisbär	**7** Narwal	**5** Moschusochse
3 Polarwolf	**8** Seelöwe	**12** Hirsch
4 Graugans	**9** Schwertwal (Orca)	**10** Polarfuchs

Lernwerkstatt KLIMAZONEN & LANDSCHAFTEN
Von der Taiga bis zum Regenwald – Bestell-Nr. 11 965

KOHL VERLAG

3.3 Die subpolare Klimazone und die Pflanzenwelt

Aufgabe 1:   a)   *Ergänze den Text mit den fehlenden Vokalen.*
Tipp: Es fehlen e, u und i!

D__e T__ndra (a__ch Kältesteppe genannt) bedeckt Te__le der S__b-polarzone der Arkt__s. S__e __st gew__ssermaßen d__e „Übergangszo-ne" zw__schen den arkt__schen ___sgeb__eten __nd dem nördl__-chen Nadelwald. D__e Vegetat__on der T__ndra besteht a__s e__nem ba__mlosen Pflanzenbestand, da d__e Böden z__ e__nem Großte__l des Jahres b__s __n e__ne T__efe von 400 Metern gefroren s__nd (Perma-frostböden) __nd n__r __m Sommer oberflächl__ch a__fta__en. A__s d__esem Gr__nd kann Schmelz-wasser n__cht abfl__eßen __nd es __st trotz des relat__v ger__ngen N__ederschlages gen__g Fe__cht__gke__t vorhanden, sodass Gräser, Krä__ter __nd kle__nere Strä__cher __n den wärmeren Mo-

naten des Jahres wachsen können. D__e Wachst__msvora__ssetz__ngen der me__sten Gewächse können allerd__ngs n__r __n 2–3 Monaten des Jahres erfüllt werden, so dass d__e vegetat__ve Phase n__r sehr k__rz __st. Größere Pflanzen können __nter solchen Bed__ng__ngen n__cht gede__hen, da __hre W__rzeln b__s __n d__e Permafrostbö-den re__chen würden __nd s__e während der W__ntermonate n__cht vollständ__g von der Schneedecke bedeckt werden würden, welche d__e kle__neren Pflanzen schützt.

b)   *Erkläre kurz:*
Was ist das Besondere am Permafrostboden der Tundra?

Lernwerkstatt KLIMAZONEN & LANDSCHAFTEN
Von der Taiga bis zum Regenwald   –   Bestell-Nr. 11 965

KOHL VERLAG

3.4   Aus dem Leben der Inuit ...

Aufgabe 1:   **a)**   *Male den Inuit, die Handschuhe und die Tiere entsprechend an.*

b)   *Schneide den Inuit zusammen mit den abgebildeten Gegenständen und Tieren aus und klebe sie anschließend auf ein weißes Blatt Papier.*
Recherchiere im Internet nach typischen Werkzeugen der Inuit und male sie dazu.

Lernwerkstatt KLIMAZONEN & LANDSCHAFTEN
Von der Taiga bis zum Regenwald   –   Bestell-Nr. 11 965
KOHL VERLAG

4.1 Die gemäßigte Klimazone und der Mensch

In der gemäßigten Zone leben viele Menschen von der Viehzucht oder vom Ackerbau. Hier gibt es vier Jahreszeiten, die es ihnen ermöglichen, im Frühjahr anzupflanzen und im Herbst zu ernten.

Wenn es allerdings im Sommer zu viel oder zu wenig regnet oder es zu kalt ist, können die Pflanzen nicht richtig wachsen oder sie gehen kaputt. Dies wirkt sich nicht nur auf den landwirtschaftlichen Betrieb, sondern auf die ganze Bevölkerung aus. Anders als in den Tropen müssen die Menschen in dieser Zone Vorräte für den Winter anlegen.

Zukünftig sollte vermehrt darauf geachtet werden, dass zahlreiche Bauernhöfe erhalten bleiben, denn sie sind ein wichtiger Bestandteil der gemäßigten Zone.

Aufgabe 1: *Kreuze die richtige Antwort an.*

EA

a) *Zwischen welchen beiden Klimazonen liegt die gemäßigte Klimazone?*

☐ Polare Zone und Tropen

☐ Subtropen und Tropen

☐ Subpolarer Zone und Subtropen

☐ Subpolarzone und Polarzone

b) *Wieso müssen die Menschen dieser Zone Vorräte anlegen?*

☐ Weil sie nicht so häufig einkaufen können.

☐ Weil die Fahrtwege zum nächsten Einkaufsmarkt so weit sind.

☐ Weil die vier Jahreszeiten dieser Zone Einfluss auf die Landwirtschaft haben.

Aufgabe 2: *Folgende Probleme könnten entstehen, wenn es keine kleinen Bauernhöfe mehr gäbe. Wie kannst du dir das erklären? Schreibe auf.*

EA

➲ Überdüngung
➲ Massentierhaltung
➲ Medikamente im Fleisch (besonders Antibiotika)
➲ Verstöße gegen Tierschutz

Lernwerkstatt KLIMAZONEN & LANDSCHAFTEN
Von der Taiga bis zum Regenwald – Bestell-Nr. 11 965

KOHL VERLAG

4.2   Die gemäßigte Klimazone und die Tierwelt

EA

Aufgabe 1:   *Welches Tier hinterlässt welche Spur?*
Ordne die Tiere den Fußspuren zu und schreibe den Namen des
Tieres auf die entsprechende Linie.

Bestimmungskarte

1 _____

2 _____

3 _____

4 _____

5 _____

6 _____

7 _____

Lernwerkstatt KLIMAZONEN & LANDSCHAFTEN
Von der Taiga bis zum Regenwald   –   Bestell-Nr. 11 965

KOHL VERLAG

4.3 Die gemäßigte Klimazone und die Pflanzen

Aufgabe 1: *Was gibt es in diesen Lebensräumen zu sehen?*
Beschreibe möglichst genau.

EA

a) ✎

b)

c)

d)

Lernwerkstatt KLIMAZONEN & LANDSCHAFTEN
Von der Taiga bis zum Regenwald – Bestell-Nr. 11 965

KOHL VERLAG

5.1 Die subtropische Klimazone und der Mensch

Im Sommer zieht es viele Sonnenhungrige nach Italien, Spanien oder Griechenland, denn dort ist es warm und trocken. All diese Mittelmeerländer gehören zur Klimazone der Subtropen, die zwischen den Tropen und der gemäßigten Zone liegt. Zu den Subtropen gehört aber nicht nur der gesamte Mittelmeerraum mit seinen trockenheißen Sommern und den milden, feuchten Wintern. Wie in den Tropen herrscht auch in den Subtropen an verschiedenen Orten unterschiedliches Klima mit eigener Vegetation.

In den trockenen Subtropen nahe dem Äquator regnet es kaum. Wegen der großen Trockenheit wächst hier außer extrem angepassten Pflanzen wie Kakteen fast nichts. In dieser Zone finden sich große Wüsten wie die Sahara in Nordafrika, die Atacama im Norden Chiles oder die Namib an der Westküste Afrikas.

In den immerfeuchten Subtropen fallen dagegen das ganze Jahr über Niederschläge. Besonders heftig regnet es im Sommer. Dann wehen von Osten her Monsunwinde, die über dem Meer viel Feuchtigkeit aufgenommen haben und

diese über dem Land wieder abregnen. Wegen der hohen Niederschläge wachsen die Pflanzen dort sehr üppig: Die subtropischen Feuchtwälder ähneln dem tropischen Regenwald. Ursprünglich gab es solche Feuchtwälder im Südosten der USA, in Ostasien oder im nördlichen Argentinien. Allerdings wurden große Teile dieser Wälder gerodet, um Platz für die Landwirtschaft zu gewinnen.

EA

Aufgabe 1:   *Kreuze an bzw. schreibe in dein Heft.*

a) *Welche Klimazone liegt zwischen der tropischen und der gemäßigten Klimazone?*

  ❏ Polare Klimazone

  ❏ Subpolare Klimazone

  ❏ Subtropische Klimazone

b) *Stimmt es, dass sich die Vegetation in den Subtropen in den einzelnen Bereichen stark unterscheidet?*

  ❏ ja

  ❏ nein

  ❏ nur im Winter

c) *Warum reisen viele Menschen im Urlaub in subtropische Gebiete? Schreibe deine Vermutungen in dein Heft.*

Lernwerkstatt KLIMAZONEN & LANDSCHAFTEN
Von der Taiga bis zum Regenwald — Bestell-Nr. 11 965

5.2 Die subpolare Klimazone und die Tierwelt

Aufgabe 1: *Fülle den Lückentext aus.*

Oft werden d__e großen braunen Dromedare m_t Kamelen verwechselt. Der e__ndeut__ge Untersch__ed l__egt jedoch __n der Anzahl der auf Rücken bef__ndl__chen Höcker – e__n Dromedar __st am

E__nzelhöcker erkennbar. In d__esen Höckern __st Fett e__ngelagert. Über längere Per__oden des Hungerns kann e__n Dromedar so von dem gespe__-cherten Fett e__ne We__le zehren, denn daraus gew__nnt es auch Wasser und Energ__e. Wenn Dromedare tr__nken, nehmen s__e gle__ch mehrere L__ter auf. D__e Körpertemperatur d__eser T__ere ste__gt nur sehr lang-sam, sodass s__e n__cht allzu schnell __ns Schw__tzen geraten und n__cht unnöt__g Wasser verl__eren. D__e Zehen s__nd zwe__ gete__lt. E__n Dromedar kann s__ch som__t auf sand__gen Flächen fortbewegen, ohne e__nzus__nken. Da d__ese T__ere sogar sehr salz__ge und m_t Dor-nen besetzte Pflanzen verzehren, haben s__e ke__ne Schw__er__gke__ten, gee__gnete Nahrung zu f__nden.

Be__nahe jeder kennt d__e r__es__gen Term__tenhügel. D__ese können unter-sch__edl__che Formen und Größen aufwe__-sen. D__e Staaten b__ldenden Insekten gehen n__cht auf Nahrungssuche, sondern

haben __hre e__gene Strateg__e entw__ckelt, um __m harten Kl__ma der Subtropen zu überleben. Im gekühlten Inneren __hrer Bauten züchten d__ese Insekten __hre e__genen P__lze. Von d__esen ernähren s__ch Term__ten. Es g__bt e__ne Menge über das Leben der T__ere __n subtrop__schen Zonen zu sagen. D__e Arten s__nd v__elfält__g. Jede E__nzelne hat __hre e__gene Überlebensstrateg__e entw__ckelt.

Lernwerkstatt KLIMAZONEN & LANDSCHAFTEN – Bestell-Nr. 11 965
Von der Taiga bis zum Regenwald

KOHL VERLAG

V. Die subtropische Klimazone

EA

Aufgabe 1: *Fülle die Steckbriefe mit Hilfe des Textes auf der vorherigen Seite aus. Recherchiere im Internet oder Büchern und fülle die Lücken mit weiteren Informationen, z. B. in welchen Ländern der Erde die Tiere in freier Wildbahn leben.*

Steckbrief: Dromedar

Aussehen: _____

_____

_____

Besonderheiten / Lebensweise: _____

_____

_____

_____

Verwandte: _____

Vorkommen: _____

Steckbrief: Termiten

Aussehen: _____

_____

_____

Besonderheiten / Lebensweise: _____

_____

_____

Verwandte: _____

Vorkommen: _____

Lernwerkstatt KLIMAZONEN & LANDSCHAFTEN
Von der Taiga bis zum Regenwald – Bestell-Nr. 11 965

KOHL VERLAG

V. Die subtropische Klimazone

5.4 Die subtropische Klimazone und die Pflanzenwelt

Das Klima in der subtropischen Zone zeichnet sich besonders dadurch aus, dass im Sommer tropische Klimaverhältnisse herrschen, während die klimatischen Bedingungen im Winter eher an die der gemäßigten Zone erinnern. Der subtropischen Zone können die Vegetationszonen der Hartlaubgehölze, der Wüsten und der Savanne zugeordnet werden. Die subtropische Zone kann in drei Gebiete mit unterschiedlichen Klimaverhältnissen eingeteilt werden:

- ➲ In den trockenen Subtropen ist das Klima arid und der Vegetationszeitraum ist gewöhnlich nicht länger als sechs Monate.
- ➲ In den winterfeuchten Subtropen ist die Vegetationszeit dagegen bis zu zehn Monate lang und nur im Sommer ist das Klima arid.
- ➲ In den immerfeuchten Subtropen ist das Klima sehr ähnlich wie im Tropischen Regenwald und es findet ganzjährig Vegetationswachstum statt.

 EA

Aufgabe 1: *Versuche mithilfe des Atlas oder des Internets herauszufinden, welche Länder zu der subtropischen Zone gezählt werden. Liste sie auf.*

 EA

Aufgabe 2: *Zähle nach erfolgreicher Internetrecherche mindestens fünf Beispiele auf, welche Pflanzen in der subtropischen Klimazone zu finden sind. Schreibe sie ebenfalls auf.*

Was ist arides Klima?

Bei der Beschreibung der Klimazonen werden immer wieder Fachbegriffe verwendet. Im Falle der Subtropen war im obigen Text von aridem Klima die Rede. Arides Klima meint, dass im Durchschnitt der letzten 30 Jahre durchschnittlich mehr Verdunstung als Niederschlag da ist. Ein Beispiel für extrem arides Klima wäre die Wüste. Typisch für aride Gegenden ist ein sehr geringer Niederschlag von weniger als 100mm pro Jahr, aber auch der fehlende Abfluss von Flüssen. Dies meint, dass Flüsse entweder völlig verdunsten oder in Seen ohne Abfluss oder Salzpfannen enden.

 EA

Aufgabe 3: *Ordne die Fachbegriffe der Erklärung zu.* **Niederschlag / humid / arid / Vegetation**

	= in dieser Gegend ist der Niederschlag höher als die Verdunstung. Dadurch ist die Luft sehr feucht. Bis auf den Mittelmeerraum ist Europa so zu bezeichnen.
	= die gesamten Pflanzen, die in einer Gegend wachsen.
	= Begriff der Meteorologie, der sich auf Wasser bezieht, dass aus Wolken, Nebel, Dunst oder Luft stammt und vom Wind aufgewirbelt wird oder sich auf der Erde absetzt. Beispiele dafür sind Regen, Schnee oder auch Tau.
	= in diesem Gebiet gibt es durchschnittlich weniger Niederschlag als Verdunstung, gemessen über die letzten 30 Jahre.

Lernwerkstatt KLIMAZONEN & LANDSCHAFTEN – Bestell-Nr. 11 965
Von der Taiga bis zum Regenwald
KOHL VERLAG

6.1 Die tropische Klimazone und der Mensch

Der tropische Regenwald ist die Lebensgrundlage vieler indigener Völker in Südamerika, Afrika und Asien. Indigene Völker wie die Yanomami und die Penan schützen und fördern die reiche Artenvielfalt des Regenwalds.

Pflanzen und Tiere des Waldes haben für diese Völker eine besondere Bedeutung. Einige Pflanzen werden zum Hausbau und zur Herstellung von Alltagsgegenständen verwendet und dienen als Nahrungsquelle. Andere enthalten Farbstoffe für Körperbemalungen, sind Heilmittel oder liefern Gifte für die Jagd und den Fischfang. Indigene Völker bauen meist auf kleinen durch Brandrodung gewonnenen Flächen eine Vielzahl an Nutzpflanzen an. Dies geschieht in traditionellen nachhaltigen Mischkulturen. Zu den wichtigsten Nahrungsmitteln im Amazonasbereich zählt beispielsweise der Maniok.

Die zunehmende Abholzung des Regenwalds bedroht die Lebensweise der dort lebenden Menschen. Meist befinden sich reiche Rohstoffvorkommen in jenen Gebieten. Holz- und Ölfirmen sowie Goldsucher dringen in ihr Land ein. Diese bringen Krankheiten mit, die dem Immunsystem der Ur-Völker unbekannt sind und zu ihrem Tod führen. Zudem hinterlassen sie offene Bohrlöcher, verseuchte Flüsse und große gerodete Waldflächen. Die indigenen Völker, die von der Jagd, dem Fischfang und dem Anbau von Feldfrüchten leben, werden dadurch ihrer Lebensgrundlage beraubt. Oft werden sie jedoch auch direkt bedroht und getötet.

EA

Aufgabe 1: *Wer und was bedrohen die indigenen Völker des tropischen Regenwaldes? Warum ist es wichtig, den Regenwald und seine ursprünglichen Bewohner besonders zu schützen?*

Das Leben von Kindern im Regenwald

Allein in Brasilien leben mehr als 230 verschiedene indigene Völker. Viele dieser Gruppe haben sich in das moderne Brasilien integriert, einige wollen dies aber nicht und bleiben bewusst bei ihrer traditionellen Lebensweise. Ein Häuptling vertritt die Interessen seines Stammes sogar bei Facebook und Twitter.

Die Kinder der Urwaldbewohner gehen meist zur Schule, dort lernen sie Portugiesisch als brasilianische Amtssprache und Mathematik. Auch ihre Stammessprache sollen die Kinder lernen. Besonders wichtig ist es aber, dass die Kinder von klein auf alles über den Regenwald, seine Pflanzen und Tiere lernen. Die Jungen lernen jagen, die Mädchen Feldarbeit, ernten und kochen.

Besonders wichtig sind auch Feste, Zeremonien und Rituale zur Geisterbeschwörung. Dafür bemalen sich die Menschen mit Streifen und Punkten und schmücken sich mit Federn oder Holzteilen.

EA

Aufgabe 2: *Stelle dir vor, du triffst ein Kind aus dem Regenwald. Worüber könntet ihr euch unterhalten? Schreibe einen kurzen Dialog.*

Lernwerkstatt KLIMAZONEN & LANDSCHAFTEN
Von der Taiga bis zum Regenwald – Bestell-Nr. 11 965

6.2 Die tropische Klimazone und die Tierwelt

EA

Aufgabe 1:   *Setze a und i in den Text ein und übertrage den Text in dein Heft.*

Sechs Prozent unseres Pl__neten __nd m__t Regenw__ld bedeckt. Doch __uf d__eser Fläche lebt mehr __ls d__e Hälfte __ller T__er- und Pfl__nzen-__rten. E__n trop__scher Regenw__ld __st w__e e__n Hochh__us __n Stockwerke __ufgete__lt und __n jedem Stockwerk s__nd __ndere Bewohner zu H__use. V__ele der T__er__rten s__nd noch g__r n__cht bek__nnt oder erforscht. So gehen d__e Forscher d__von __us, d__ss __m Am__zon__s-geb__et noch z__hlre__che Rept__l__en- und Amph__b__en__rten, __ber __uch Insekten und Säuget__ere he__m__sch s__nd, d__e noch ke__n Mensch gesehen h__t.

Bewohner des Regenwaldes

Baumriesen (40-60m)
z.B. Schmetterlinge, kleine Affen, Vögel wie z.B. Papageien, Fledermäuse

Kronenregion (20-40m)
z.B. Affen, Reptilien, Vögel wie z.B. Tukane

Unterwuchs (10-20m)
z.B. Affen, Reptilien, Schlangen Vögel wie z.B. Kolibris

Strauch- & Krautschicht (0-10m)
z.B. Elefanten, Nagetiere, Raubtiere wie z.B.Leopard

Bodenschicht & Wasser (0m)
z.B. Frösche, Schildkröten

EA

Aufgabe 2:   *Erläutere mithilfe der Grafik die einzelnen Stockwerke des Regenwaldes und einige jeweiligen Bewohner (Tipp: Die Stichworte links in der Grafik helfen dir dabei.)*

Lernwerkstatt KLIMAZONEN & LANDSCHAFTEN
Von der Taiga bis zum Regenwald – Bestell-Nr. 11 965
KOHLVERLAG

6.2 Die tropische Klimazone und die Pflanzenwelt

Der tropische Regenwald ist eine der faszinierendsten Regionen der Erde. Er besticht durch seinen unglaublich großen Artenreichtum (z. T. mehr als 100 Baumarten pro Hektar) und dem typischen Pflanzenvorkommen der immerfeuchten Tropen.

Die Folge der sehr guten Wachstumsbedingungen ist ein üppiges Vegetationsvorkommen. Die Bäume sind immergrün und haben häufig kräftige Blätter als Schutz vor den starken Niederschlägen. Der Laubwechsel verteilt sich über das ganze Jahr, ebenso die Blüte und die Fruchtreife. Jahreszeiten gibt es nicht. Das Holz zeigt keine Jahresringe, da ganzjährig ein gleichmäßiges Dickenwachstum möglich ist.

Gekennzeichnet ist der tropische Regenwald durch vier Baumstockwerke: das obere besteht aus 50 – 60 m hohen Baumriesen; das mittlere aus bis zu 5 m hohen Sträuchern; die Krautschicht mit bis zu 1,5 m hohen Gräsern und Farnen; die Bodenschicht mit Jungpflanzen und kleinen Pflanzen. Der Wald ist reich an Lianen, die sich zum Licht hinaufranken und deren Stämme bis zu 20 cm dick sind; Baumgräser machen den Regenwald oft undurchdringlich.

Aufgrund der hohen Temperaturen und Luftfeuchtigkeit werden diese organischen Substanzen schnell abgebaut und stehen dem Boden als Nährstoff zur Verfügung. Diese schnelle Wiederaufnahme und Rückführung von Nährstoffen in die Vegetation ist der Grund dafür, dass der Regenwaldboden verhältnismäßig nährstoffarm ist.

EA

Aufgabe 1:   *Gestalte ein Akrostichon, d.h. ergänze zu jedem Buchstaben des Wortes „REGENWALD" einen Begriff, der zu der tropischen Klimazone passt und mit eben jenem Buchstaben beginnt.*

EA

Aufgabe 2:   *Trage die folgenden Begriffe in das Schaubild ein:*

Krautschicht (bis 1,5 m) / Bodenschicht / Baumschicht / Strauchschicht (bis 5 m)

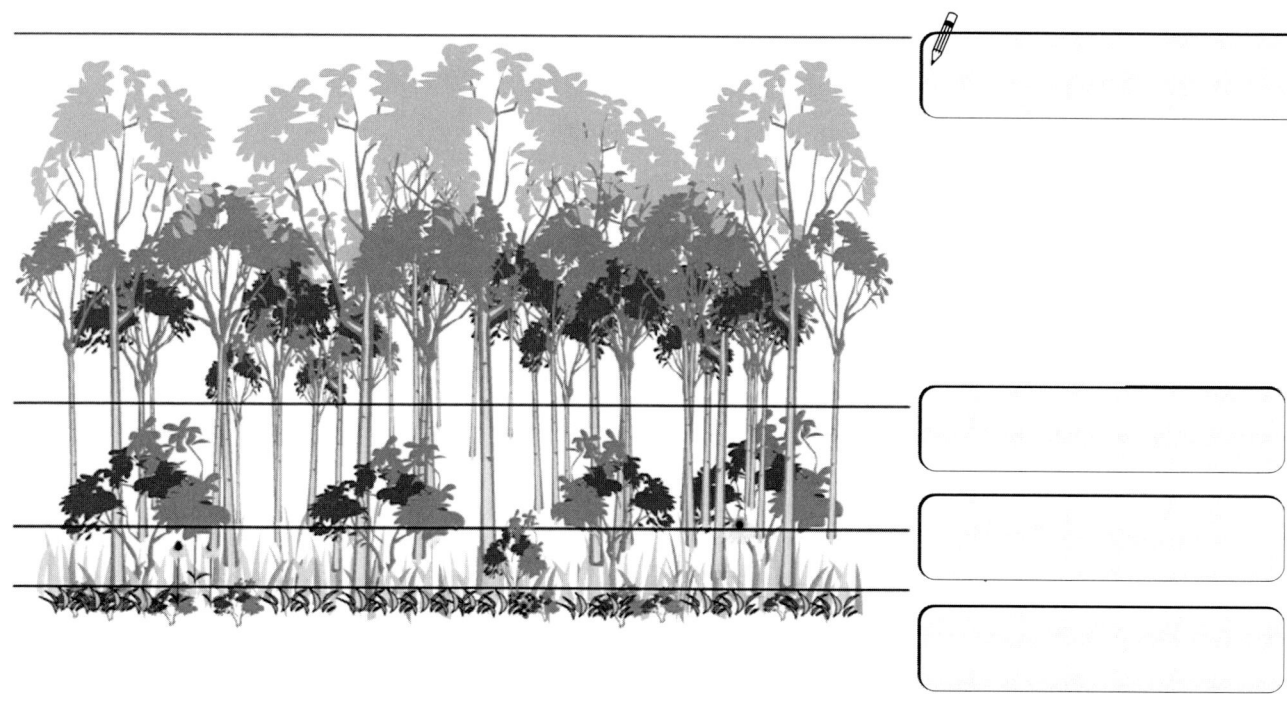

Lernwerkstatt KLIMAZONEN & LANDSCHAFTEN
Von der Taiga bis zum Regenwald   –   Bestell-Nr. 11 965
KOHL VERLAG

VII. Die Landschaft der Savannen

7.1 Die Landschaft der Savannen: Dornbuschsavanne

Die Vegetationszone der Dornbuschsavannen liegt zwischen den Vegetationszonen Wüste und Halbwüste auf der einen und Trockensavanne und Feuchtsavanne auf der anderen Seite. Die natürlichen Dornstrauchsavannen gehören zur Region der tropischen Trockengebiete. Dorn-buschsavannen sind insbesondere in Afrika verbreitet, sie treten aber auch in Australien und im nördlichen Teil Südamerikas auf. Die Pflanzen- und Tierwelt in der Dornstrauchsavanne hat sich an die klimatischen Voraussetzungen angepasst. Aufgrund der langen Trockenzeit können Bäume in der Dornstrauchsavanne nur vereinzelt überleben, jedoch gibt es in bestimmten Regionen einen weitständigen Dornwald (Mittelamerika, Brasilien). In dieser Region können nur Pflanzen überleben, die Wasser speichern können, wie zum Beispiel Dornsträucher. Die Tierwelt wie Insekten, kleine Reptilien, Spinnentiere, Vögel und Säugetiere sind in der Regel überwiegend entweder nacht- oder dämmerungsaktiv, um den Flüssigkeitsverlust so gering wie möglich zu halten.

Die Trockenzeit in den Dornstrauchsavannen dauert etwa 8 bis 10 Monate, der jährliche Niederschlag beträgt in der Regel zwischen 200 und 500 mm. Das Klima ist arid oder semiarid. Der Boden der Dornstrauchsavanne ist überwiegend steinig oder sandig und arm an organischem Material, der aufliegende lockere Oberboden ist durch Winderosion gefährdet.

EA

Aufgabe 1:   *Erkläre folgende Begriffe und schreibe in dein Heft:*

arid / Trockenzeit / semiarid / Winderosion / dämmerungsaktiv

EA

Aufgabe 2:   *Kreuze an, welche Pflanzen und Tiere zur Dornbuschsavanne passen.*

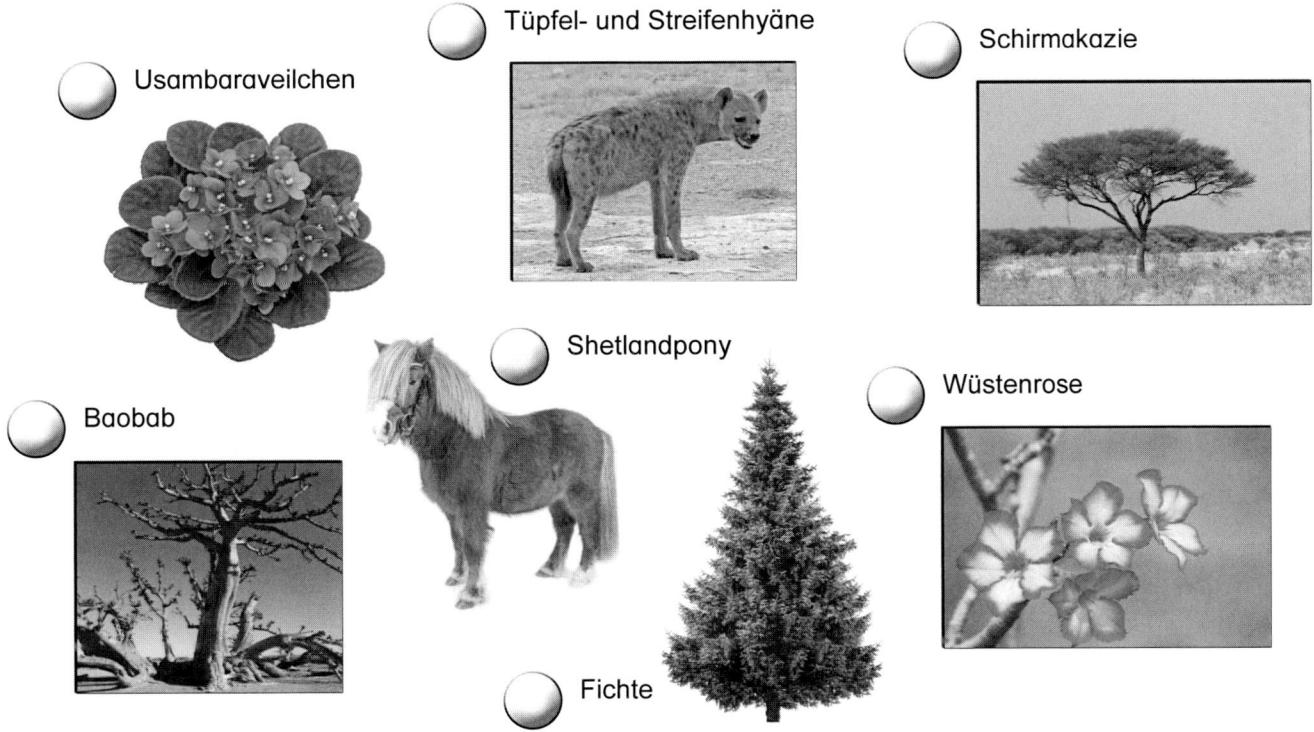

Tüpfel- und Streifenhyäne

Schirmakazie

Usambaraveilchen

Shetlandpony

Wüstenrose

Baobab

Fichte

Lernwerkstatt KLIMAZONEN & LANDSCHAFTEN Von der Taiga bis zum Regenwald – Bestell-Nr. 11 965

KOHL VERLAG

7.2   Die Landschaft der Savannen: Feuchtsavanne

Die Feuchtsavanne gibt es vor allem in Afrika und Südostasien, aber auch in Australien und Südamerika. Insgesamt bedeckt die Feuchtsavanne 9,4 % der Erde. Sie zählt zu den größten und tierreichsten Gebieten der Erde nach dem tropischen Regenwald.
Die Feuchtsavannen haben etwa sieben bis neun humide Monate. Die Vegetation ist den Trocken- und den Regenzeiten angepasst. In den Feuchtsavannen wachsen überwiegend Gräser, wie z. B. Elefantengras.

EA

Aufgabe 1:   *Trage die Tiere der Savanne aus dem Kasten in das Gitterrätsel ein.*

Löwe / Elefant / Hyäne / Zebra / Tiger / Antilope / Termiten / Giraffe / Affe

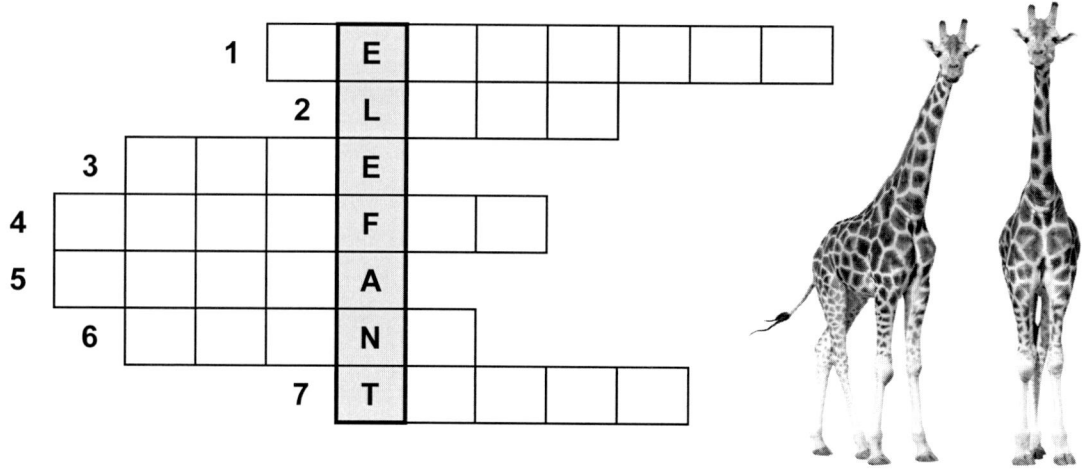

EA

Aufgabe 2:   *Erstelle einen Text, in dem du alle Informationen der Tabelle verwendest und die drei Savannentypen erklärst.*

	Dornstrauchsavanne	Trockensavanne	Feuchtsavanne
Niederschlag:	sehr wenig 200 – 600 mm	wenig 600 – 1200 mm	mittel 1200 – 1800 mm
Boden:	sandig	sandig-lehmig	lehmig
Vegetation:	sehr wenig	wenig	viel
Trockenzeit:	ca. 10 Monate	ca. 6 Monate	ca. 3 Monate
Artenreichtum:	sehr wenig	wenig	hoch
Beispielwüste:	Sahelzone	Kalahari	Serengeti

Lernwerkstatt KLIMAZONEN & LANDSCHAFTEN
Von der Taiga bis zum Regenwald   –   Bestell-Nr. 11 965

7.3 Die Landschaft der Savannen: Trockensavanne

Die Trockensavanne ist eine Vegetationszone der Tropen. Sie hat fünf bis sieben aride Monate. Im Jahr fallen zwischen 500 und 1000 mm Niederschlag in einer ausgeprägten Regenzeit. In ihr herrscht, wie in dem tropischen Regenwald, Tageszeitenklima. Die Trockensavanne liegt zwischen der Feucht- und der Dornsavanne und ist Teil der wechselfeuchten Tropen. Sie ist stark ausgeprägt in Afrika (Sahelzone und östliches Afrika), auf dem indischen Subkontinent sowie Nordaustralien. Alle Trockensavannen

zusammen machen etwa 3 % der gesamten Landfläche der Erde aus. Die Vegetation ist in der Trockensavanne an die Trockenzeit angepasst. Der Großteil der Vegetation ist brusthohes Gras, es gibt jedoch auch einzelne Bäume.

EA

Aufgabe 1: *Erläutere folgende Begriffe in deinem Heft:*

Subkontinent / Tageszeitenklima / Vegetation

EA

Aufgabe 2: *Beschreibe anhand des Klimadiagrammes dieser Region den Temperatur- und Niederschlagsverlauf einer Dornstrauchsavanne in Afrika.*

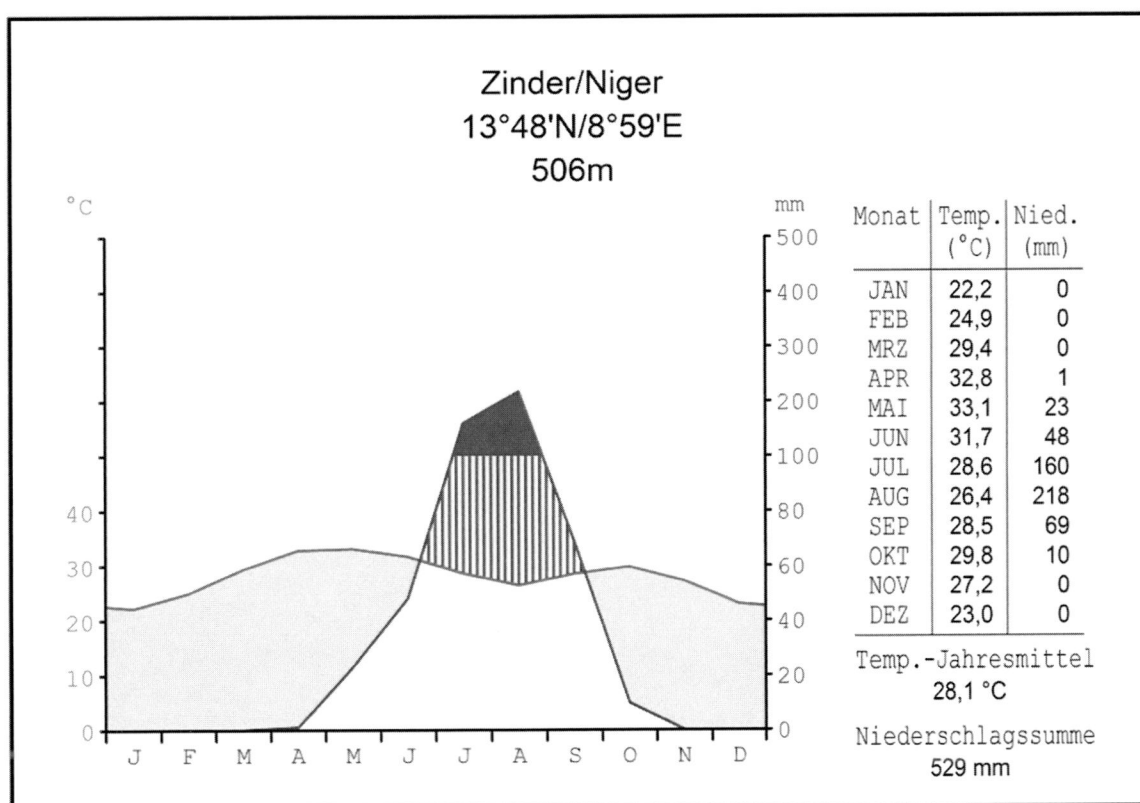

Zinder/Niger
13°48'N/8°59'E
506m

Monat	Temp. (°C)	Nied. (mm)
JAN	22,2	0
FEB	24,9	0
MRZ	29,4	0
APR	32,8	1
MAI	33,1	23
JUN	31,7	48
JUL	28,6	160
AUG	26,4	218
SEP	28,5	69
OKT	29,8	10
NOV	27,2	0
DEZ	23,0	0

Temp.-Jahresmittel
28,1 °C

Niederschlagssumme
529 mm

Lernwerkstatt KLIMAZONEN & LANDSCHAFTEN
Von der Taiga bis zum Regenwald – Bestell-Nr. 11 965

KOHL VERLAG

VIII. Die Landschaft der norddeutschen Tiefebene

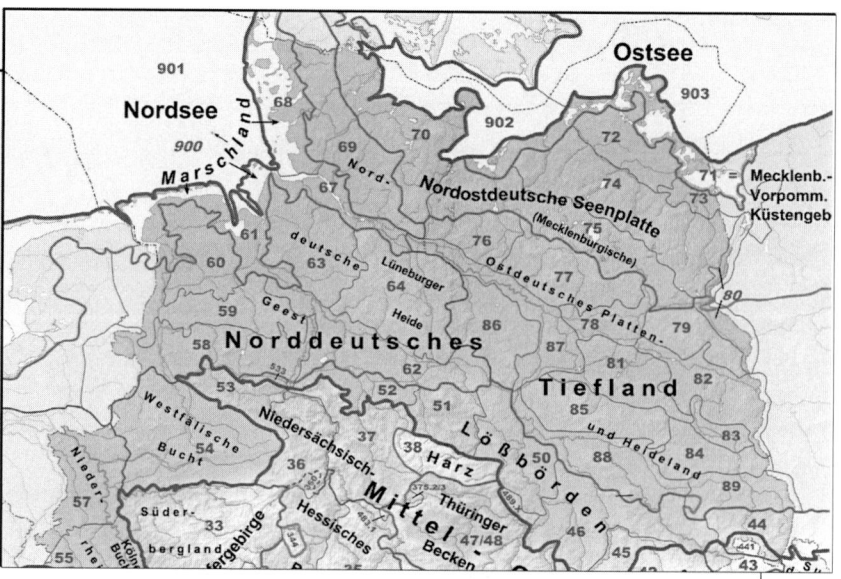

Im Norden des Norddeutschen Tieflandes begrenzen die Nordsee und die Ostsee die Region. Nordsee und der Ostsee zeichnen sich durch unterschiedliche klimatische Verhältnisse aus. Das Küstenland der Nordsee unterliegt nordwestlichen und südwestlichen Winden und das norddeutsche Tiefland wird vom kontinentalen Nordost- bzw. Ostklima beeinflusst. Die klimatischen Verhältnisse im norddeutschen Tiefland können als mild, kühl und angenehm feucht bewertet werden. Aufgrund dieser Eigenschaften gilt das Norddeutsche Tiefland als attraktive Tourismusregion mit Reizklima.

Aufgabe 1:

EA

Viele von euch waren sicherlich schon einmal an der Nord- oder Ostsee. Beschreibt, wie dort das Wetter war. Stimmen eure Erfahrungen mit der Klimabeschreibung im Kasten überein? Schreibe auf.

Aufgabe 2:

EA

Weshalb eignet sich das Norddeutsche Tiefland zur Energiegewinnung durch Windkraftanlagen?

Aufgabe 3:

EA

Erkläre mithilfe der Bilder und weiterer Informationen, wie das norddeutsche Tiefland heute aussieht.

Lernwerkstatt KLIMAZONEN & LANDSCHAFTEN
Von der Taiga bis zum Regenwald – Bestell-Nr. 11 965

9.1 Die Landschaft der Gebirge: Mittelgebirge

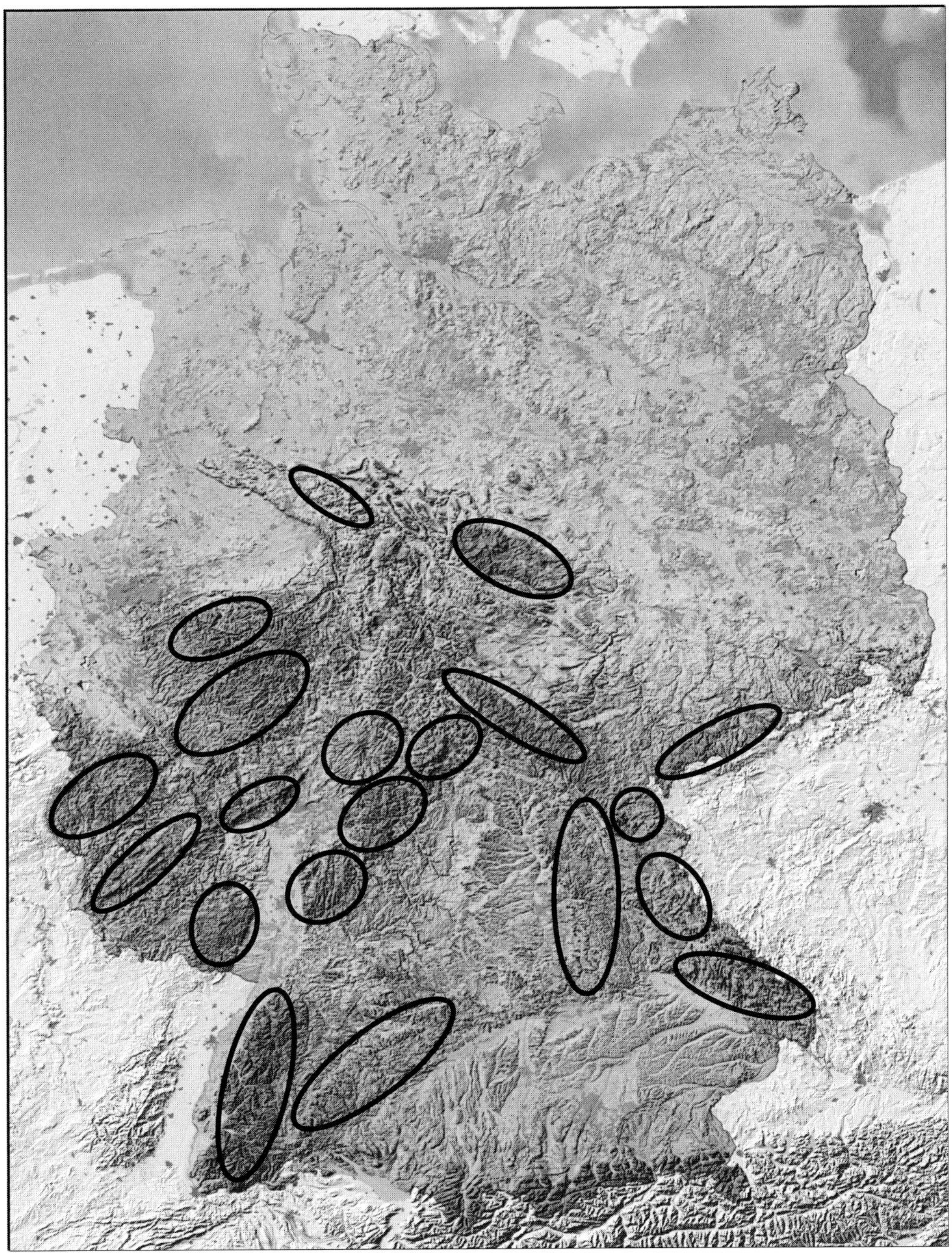

Aufgabe 1:

Trage in die Tabelle zu den jeweiligen Mittelgebirgen die höchsten Erhebungen ein.

Tipp: Nutze den Atlas oder das Internet.

Teutoburger Wald		Taunus	
Harz		Rothaargebirge	
Westerwald		Eifel	
Vogelsberg		Rhön	
Thüringer Wald		Erzgebirge	
Fichtelgebirge		Oberpfälzer Wald	
Spessart		Hunsrück	
Odenwald		Fränkische Alb	
Bayerischer Wald		Pfälzer Wald	
Schwäbische Alb		Schwarzwald	

Lernwerkstatt KLIMAZONEN & LANDSCHAFTEN
Von der Taiga bis zum Regenwald – Bestell-Nr. 11 965

KOHL VERLAG

9.2 Die Landschaft der Gebirge: Hochgebirge

Der Lebensraum des Hochgebirges ist abwechslungsreich im Hinblick auf Flora und Fauna. Überall auf der Welt existieren diese wunderbaren Landschaften, die bis in mehrere tausend Meter Höhe reichen. Jede Hochgebirgslandschaft unterscheidet sich von einer anderen, keine gleicht einer weiteren.

Das Charakteristikum für ein Hochgebirge ist es nicht nur eine gewisse Höhe zu haben. Am Nordpol etwa gibt es Gebirge, die nur wenige Meter über 1000 Meter über Normalnull (ü. NN) sind, jedoch zeigen sie für Hochgebirge typische Merkmale. Andere Hochgebirge reichen bis über 8000 Meter hoch. Charakteristisch für alle Hochgebirge ist die Steilheit der Hangzonen. Darüber hinaus sind noch weitere Faktoren einflussgebend: Hochgebirge sind Lebensräume, die durch Kälte und Frost geprägt sind. Über einer kältegeprägten Waldgrenze schließt sich eine Zone, die als frei von Gehölzgewächsen bezeichnet werden kann, an.

Der Boden unterliegt einem ständigen Wechsel von Gefrieren und Auftauen. Ein weiteres Kriterium ist, dass es in einem Hochgebirge einmal eine Vergletscherung gegeben haben oder noch geben muss.

Durch die abnehmende Temperatur in der Höhe gibt es klar abgegrenzte Wachstumszonen für jede Pflanzenart. In den Alpen liegt die Waldgrenze etwa zwischen 1700 und 2200 Metern. Darüber schließt sich das alpine Grasland an, das bis etwa 3000 Meter Höhe reicht. Die Kältegrenze für Pflanzen ist erreicht. Der Bereich oberhalb der 3000 Meter wird als nivale Zone bezeichnet. Hier gedeihen nur wenige Spezialpflanzen, die mit diesen kurzen Vegetationsperioden und den tiefen Temperaturen keine Probleme haben. Je nach geographischer Lage der Hochgebirge sind diese Wachstumsgrenzen allerdings sehr unterschiedlich. In Äquatornähe reichen die Waldgrenzen im Gebirge zum Beispiel bis zu 4000 Metern hinauf.

Allein in Europa (für andere Kontinente gilt dies in ähnlicher Weise) machen Hochgebirge zwar nur drei Prozent der Kontinentalfläche aus, beherbergen aber 20 Prozent der Pflanzenarten! Viele Pflanzen gibt es nur in der Hochgebirgsregion.

EA

__Aufgabe 1:__ *Stelle dir vor, du bist Bürgermeister/in eines Ferienortes im Gebirge. Es soll ein neues Skigebiet erschlossen werden. Schreibe auf, warum du ein solches Bauvorhaben ablehnen oder befürworten würdest.*

EA

__Aufgabe 2:__ *Zeichne in dein Heft eine farbige Skizze, die die einzelnen Wachstumszonen zeigt. Beschrifte sie mit Höhenmetern, Namen und möglichst vielen weiteren Informationen.*

Lernwerkstatt KLIMAZONEN & LANDSCHAFTEN
Von der Taiga bis zum Regenwald — Bestell-Nr. 11 965

Die **Tundra** erstreckt sich von Grönland über Island, dem nördlichen Skandinavien und Sibirien bis zu den nördlichen Bereichen des Amerikas. Im sechs bis zehn Monate andauernden Winter reichen die Temperaturen bis –30° C, im Sommer bis zu +10° C. Die oberste Bodenschicht ist deshalb lange Zeit gefroren. Dieser sogenannte Permafrostboden bedeckt rund 25 % der Landfläche der Erde. Er taut nur in den Sommermonaten an der

Oberfläche auf. Das Schmelzwasser kann nicht ungehindert versickern, bildet somit häufig weite Sumpf- und Moorflächen. Zu Beginn des Sommers entsteht neues Leben in der tierreichen Tundra. Das ansonsten öde Land wandelt sich zu einer bunt blühenden Pflanzen-, Gräser- und Beerenvielfalt. Moschusochsen, Erdhörnchen, Lemminge, Schneehühner oder Eisfüchse sind das ganze Jahr über in der Tundraregion heimisch. Bäume sind keine anzutreffen, allerdings niedrige Pflanzen, wie z. B. Zwergsträucher, Kräuter und Gräser, Moose und Flechten. Die Männer der Inuits in Nordamerika und Grönland, der Lappen (Samen) in Skandinavien und der Tschuktschen in Sibirien sind während des Sommers die meiste Zeit auf der Jagd und beim Fischen, um Vorräte für den lang andauernden Winter anzulegen.

Das größte geschlossene Waldgebiet der Erde, die **Taiga**, ist südlich der Tundra zu finden. Die Taiga wird auch borealer Wald genannt. Zwischen dem Polarkreis und den gemäßigten Zonen erstreckt sich von Skandinavien quer durch ganz Eurasien bis zur Beringsee (insgesamt 6000 km) sowie über 3500 km in Nordamerika dieses weitläufige und zusammenhängende Waldareal. Gewichtige Rolle spielt der boreale Wald für die Holzgewinnung. Fichten, Tannen, Kiefern und Lärchen sind bestimmend für den Charakter des nördlichen Waldes. Beispielsweise treten in den Alpen und anderswo ähnliche Waldtypen auf. Das Klima in der Taiga ist subarktisch, die langen Winter können extrem kalt sein. Das Wasservorkommen ist ausreichend. Eine große Vielfalt an Pflanzenarten sucht man in der Taiga vergebens aufgrund der langen Winterperiode. Dafür ist die Tierwelt ziemlich reich ausgebildet. Rehwild, Elche, Bären, Wölfe, Luchse und Silberfüchse, Nerze und Wiesel sind hier heimisch. In der Taiga Ostasiens gibt es sogar den Sibirischen Tiger.

EA

Aufgabe 1: *Notiere stichpunktartig in deinem Heft, was mit Tundra und Taiga gemeint ist.*

Lernwerkstatt KLIMAZONEN & LANDSCHAFTEN
Von der Taiga bis zum Regenwald – Bestell-Nr. 11 965

KOHL VERLAG

XI.   Die Landschaft der Wüsten

11.1   Die Landschaft der Wüsten: Eiswüste

EA

Aufgabe 1:   *Setze richtig ein. Zähle dazu die Buchstaben der einzelnen Wörter. Zur Starthilfe sind vier Buchstaben vorgegeben. Setze ein und finde die Lösung.*

Waagerecht:
SKANDINAVIEN / POLARGEBIET / SÜDPOL / INUIT / KANADA
RUSSLAND / EISWÜSTE / NORDPOL

Senkrecht:
GRÖNLAND / KLIMA / FORSCHER
ANTARKTIS / ISLAND / ARKTIS

Ü = Ü
Ö = Ö

Lösung: | 1 | 2 | 3 | 4 | 5 | 6 | 7 |

Die Eiswüste wird auch Kältewüste genannt. Im Inland ist sie mit einer sehr dicken Eisschicht bedeckt. Charakteristische Merkmale sind die starken Winde und die kalte Luft. Sie existieren in polaren Gebieten. Aufgrund der extrem niedrigen Temperaturen gedeihen kaum Pflanzen. Auch Tiere führen ein erschwertes Leben hinsichtlich ihrer Ernährung. Der niedrigste, gemessene Temperaturwert beträgt −89°C. Niederschläge sind äußerst selten. Die Antarktis gilt daher als eines der trockensten Gebiete.

EA

Aufgabe 2:   *Erkläre, warum die Eiswüste zu den trockensten Gebieten der Erde zählt und nenne zwei Merkmale dieser Region.*

Lernwerkstatt KLIMAZONEN & LANDSCHAFTEN
Von der Taiga bis zum Regenwald   –   Bestell-Nr. 11 965

 KOHL VERLAG

11.2   Who is Who? – Antarktis oder Arktis?

Aufgabe 1:   *Verbinde die Sprechblasen mit der Antarktis oder der Arktis.*

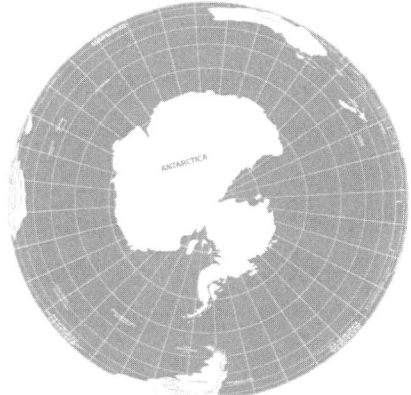

> **Mich nennt man auch Nordpol.**

> **Man nennt mich auch Südpol.**

> **Ich bin der größte Süßwasserspeicher der Erde.**

> **Eisbären gibt es aber nur in meiner Region.**

> **In meinem Gebiet leben Pinguine.**

> **In meinem Gebiet gibt es nur ein paar Forscher und Wissenschaftler.**

> **Ich bin ein schwimmender Eispanzer ohne festen Grund darunter.**

> **In meinem eisigen Gebiet haben sich Menschen angesiedelt.**

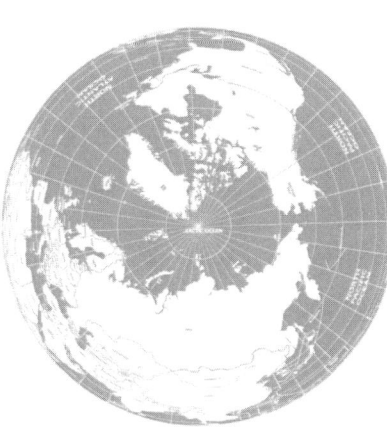

Aufgabe 2:   *Übertrage die Texte geordnet in dein Heft. Wähle eine übersichtliche Anordnung, z.B. eine Tabelle.*

Lernwerkstatt KLIMAZONEN & LANDSCHAFTEN
Von der Taiga bis zum Regenwald   –   Bestell-Nr. 11 965

KOHL VERLAG

11.3 Die Landschaft der Wüsten: Steinwüste

Die Oberfläche ist mit blockigem, kantigem Schutt oder Felsmaterial flächendeckend gesäumt. Nur wenige Tiere leben in der Steinwüste. Sie wird durch starke Winde geformt. Eine andere Bezeichnung für diese Wüstenart ist auch Hammada. In der Steinwüste gibt es wenig Wasser. Es gibt sehr wenig Pflanzen, meist nur Holz- und Distelgewächse. Außerdem befinden sich nur geringe Wasserspeicher im felsigen Untergrund. Die Sahara besteht zu 70 Prozent aus Hammada.

Für Fahrzeuge und Dromedare sind Hammadas sehr schwer oder überhaupt nicht zu durchqueren. Die größte Hammada ist die Hammada du Draa in der Westsahara; auch die Hammada al-Hamra in Südlibyen und ein Teil der Syrischen Wüste östlich des Hauran-Gebietes sind Hammadas.

EA

Aufgabe 1: *Schau im Atlas oder im Internet nach und verschaffe dir einen Überblick, wo es Steinwüsten auf der Erde gibt.*
Schreibe mindestens drei Beispiele mit Namen und Land auf.

EA

Aufgabe 2: *Recherchiere im Internet und finde die Antworten zu diesen Quiz-Fragen.*

Wer wird Wüstenexperte? – Das Sahara-Quiz

a) Wie viele Quadratkilometer umfasst die Sahara?

_____

b) Wie kalt kann es in der Wüste nachts werden?

_____

c) Wie nennt man die durch Luftspiegelung verursachte optische Täuschung in der Wüste?

_____

d) Inmitten der Sahara lebt ein bekanntes Berbervolk. Wie heißt es?

_____

e) Welche afrikanischen Staaten haben Anteil an der Wüstenregion der Sahara?

_____

_____

Lernwerkstatt KLIMAZONEN & LANDSCHAFTEN
Von der Taiga bis zum Regenwald   –   Bestell-Nr. 11 965

KOHL VERLAG

11.4   Die Landschaft der Wüsten: Sandwüste

Die Lebensbedingungen in der Sandwüste sind härter als bei anderen Wüstenarten. Die Oberfläche besteht nahezu ausschließlich aus Quarzsand. Die größte Sandwüste ist die Rub al-Chali in Saudi-Arabien. Ein Merkmal der Wüste sind Dünen. Es gibt Wanderdünen, die man so nennt, weil sie durch den Wind weitergetrieben werden. Es gibt aber auch Dünen, die stabil an ihrer Stelle bleiben. Die größten Dünen findet man in Algerien. Die bekanntesten Tiere der Sandwüsten sind Kamele, Wüstennattern und Skorpione.

EA

Aufgabe 1:

a) *Suche im Atlas oder im Internet nach Sandwüsten.*
Schreibe mindestens drei Beispiele mit Namen und Land heraus.

b) *Male ein Bild einer Sandwüste in dein Heft. Gerne darf auch eine Karawane mit Dromedaren oder Kamelen abgebildet sein. Auch eine Oase in der Wüste ist denkbar.*

„Wanderdüne"

Eine Düne ist eine Erhebung aus Sand, die vom Wind angeweht und abgelagert wird. Die Bildung von Dünen setzt das Vorhandensein von lockeren Sand- bzw. feinkörnigen Gesteinsböden und das Fehlen einer geschlossenen Pflanzendecke voraus. Dünen bilden sich daher bevorzugt in trockenen (ariden) Klimazonen, können aber auch in feuchten (humiden) Gebieten auftreten, sofern die befestigende Vegetation beseitigt wurde. Wird der Sand eher gleichmäßig in Form einer Decke aufgeweht, spricht man von Flugsand. Alle Dünen „wandern", wenn man das Wandern nicht durch entsprechende Bepflanzung (wie z. B. Strandhafer oder Kiefernwald) verhindert bzw. wenn sich diese Vegetation nicht von selbst einstellt. Voraussetzung für das Wandern ist allerdings eine gleichmäßige Windströmung und -richtung, z. B. Westwinde in Mittel- und Südeuropa. Eine der bekanntesten „Wanderdünen" der Welt ist eine vier Quadratkilometer große Sandanhäufung auf Gran Canaria – die Dünen von Maspalomas.

EA

Aufgabe 2:   *Entschlüssele den Witz:*

23 1 19	9 19 20	4 5 18
21 14 20 5 18 19 3 8 9 5 4		
26 23 9 19 3 8 5 14	4 5 9 14	
5 13		
12 5 8 18 5 18	21 14 4	5 9
14 5 18		
23 1 14 4 18 4 29 14 5 ?		

<u>Tipp!</u>
Notiere die Buchstaben von A bis Z, nummeriere sie entsprechend von 1 bis 26:
1 = A; 2 = B usw.
27 = Ä ; 28 = Ö   29 = Ü

Die Antwort lautet:
– 18 5 4 1 14 23   5 9 4
4 29 14 5 ist schneller.

Lernwerkstatt KLIMAZONEN & LANDSCHAFTEN
Von der Taiga bis zum Regenwald   –   Bestell-Nr. 11 965

KOHL VERLAG

12.1   Rätsel zur polaren Klimazone

Aufgabe 1:   EA

Setze die Begriffe in das Rätsel ein. Tipp: Fünf Begriffe passen nicht!

Eiswüste / Polarfuchs / Südpol / Forscher / Nordpol / Pinguin
Schnee / Eisbär / Kälte / Klima / Eisberge

Ä = AE
Ü = UE

1 E
2
3
4
5 E
6 E

12.2   Rätsel zur subpolaren Klimazone

Aufgabe 1:   EA

Setze die gesuchten Begriffe in das Rätsel ein. Die Buchstaben in den markierten Feldern ergeben ein Lösungswort.

1. Sie wachsen in dieser Klimazone.
2. Bezeichnung des Bodens
3. In dieser Klimazone wachsen auch sie.
4. Name einer Volksgruppe
5. Name einer Volkgruppe
6. Er sorgt für das Fleisch.
7. Land mit Ahornblatt in der Flagge.
8. Hier ist es kalt.
9. Exzellente Jäger, die sich an die subpolare Zone angepasst haben.
10. Großes Tier

Ä = Ä

MOOSE / PERMAFROST / SAMEN
KANADA / JÄGER / INUIT / LAPPEN
SIBIRIEN / KARIBU / FLECHTEN

Lösungswort:

_ _ _ _ _ _ _ _ _

Lernwerkstatt KLIMAZONEN & LANDSCHAFTEN
Von der Taiga bis zum Regenwald   –   Bestell-Nr. 11 965

KOHL VERLAG

12.3   Rätsel zur gemäßigten Klimazone

Aufgabe 1:   *Entschlüssele den Text und schreibe ihn in dein Heft.*

INDERGEMÄSSIGTENZONELEBENVIELEMENSCHENVONDERVIEHZUCHT
ODERVOMACKERBAUDASVIERJAHRESZEITENGIRTERMÖGLICHTDAS
IHNENIMFRÜHLINGSACHENANZUPFLANZENUNDANNIMHERBSTWIEDER
ZUERNTENWENNESIMSOMMERZUVIELODERZUWENIGREGNETODERESZU
KALTISTKÖNNENDIEPFLANZENNICHTRICHTIGWACHSENODERSIEGEHEN
KAPUTTDASWIRKTSICHDANNNICHTNURAUFDENLANDWIRTSCHAFTLICHEN
BETRIEBSONDERNAUFDIEGANZEBEVÖLKERUNGAUSANDERSALSINDEN
TROPENMÜSSENDIEMENSCHENINDIESERZONEVORRÄTEFÜRDENWINTER
ANLEGEN
ZUKÜNFTIGSOLLTEVERMEHRTDARAUF
GEACHTETWERDENDASSVIELEBAUERN
HÖFEERHALTENBLEIBENDENNDIEHÖFE
SINDEINWICHTIGERBESTANDTEILDER
GEMÄSSIGTENZONE

12.4   Kreatives zur subtropischen Klimazone

Aufgabe 1:   *Nilpferde und Kamele sind typische Tiere der subtropischen Klimazone. Male die beiden Mandalas aus.*

Lernwerkstatt KLIMAZONEN & LANDSCHAFTEN
Von der Taiga bis zum Regenwald   –   Bestell-Nr. 11 965
KOHL VERLAG

12.5 Kreativseite zur tropischen Klimazone

Aufgabe 1: **a)** *Dichte Dschungelpflanzen sind typisch für die subtropische Klimazone. Male das Dschungelbild aus.*

EA

b) *Papageien sind typische Tiere der tropischen Klimazone und des tropischen Regenwaldes. Male das Bild aus, schneide es dann aus und klebe es auf das Dschungelbild aus Teil a.*

Lernwerkstatt KLIMAZONEN & LANDSCHAFTEN
Von der Taiga bis zum Regenwald — Bestell-Nr. 11 965

KOHL VERLAG

XII. Rätseln, Basteln und Spielen

12.6 Klimazonen-Mobile

EA

Aufgabe 1:
→ *Kopiere die Erde etwas größer.*
→ *Male sie an und schneide sie aus.*
→ *Klebe die Erde auf dickere Pappe.*
→ *Steche mit einer Nadel in die Markierungen.*
→ *Fädele eine Schnur durch die obere Markierung und mache eine Schlaufe zum Aufhängen.*

→ *Schreibe auf die Wölkchen jeweils eine der fünf Klimazonen.*
→ *Schneide die Wölkchen und Bilder aus.*
→ *Steche mit einer Nadel und einem Faden in die runden Markierungen.*
→ *Verbinde die Fäden mit der Erde.*

12.7   Zuordnungsspiel Klimazonen

Tundra	Taiga	Permanent-frostboden	Moose	Flechten

Eiswüste	Eisberge	Antarktis	Eisbär	Inuit

Lernwerkstatt KLIMAZONEN & LANDSCHAFTEN
Von der Taiga bis zum Regenwald   –   Bestell-Nr. 11 965

KOHL VERLAG

XII. Rätseln, Basteln und Spielen

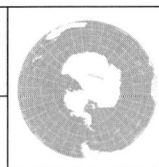

Oase	**Termitenhügel**
Nomaden	**Wüste**
Karawane	
4 Jahreszeiten	**Vielgestaltige Landschaft**
Fuchs	**Viehhaltung**
Landwirtschaft	

Lernwerkstatt KLIMAZONEN & LANDSCHAFTEN
Von der Taiga bis zum Regenwald – Bestell-Nr. 11 965

KOHL VERLAG

| Regenwald | Papageien | Amazonas | Naturvölker | Gorilla |

Lernwerkstatt KLIMAZONEN & LANDSCHAFTEN
Von der Taiga bis zum Regenwald   –   Bestell-Nr. 11 965

KOHL VERLAG

12.8   Augen auf!

EA

Aufgabe 1:   *Vergleiche jeweils die beiden Bilder. Findest du die 12 Fehler?*

Lernwerkstatt KLIMAZONEN & LANDSCHAFTEN
Von der Taiga bis zum Regenwald   –   Bestell-Nr. 11 965
KOHL VERLAG

I. Klimazone – Was ist das?

Aufgabe 1: **Klimazonen** sind großflächige Gebiete mit ähnlichem Klima. Diese Zonen verteilen sich –
mit Ausnahme der Gebiete um Nord- und **Süd**pol – grob **ringförmig** um die Erde.
Die Ausbildung unterschiedlicher Klimazonen liegt hauptsächlich am Neigungswinkel der
Erde. Dadurch fallen die **Sonnenstrahlen** in unterschiedlichen Einfallswinkeln auf die Erde.
Der Einfallswinkel bestimmt die Strahlungsintensität der Sonne und somit eben das Klima.
Es können **fünf** Klimazonen unterschieden werden: Polargebiete, Subpolargebiete,
Gemäßigte Zone, Subtropen und **Tropen**.

Aufgabe 2: 1 = Polare Klimazone   2 = Subpolare Klimazone   3 = Gemäßigte Klimazone
4 = Subtropische Klimazone   5 = Tropische Klimazone

Aufgabe 3:

Stadt	Klimazone
Berlin	gemäßigte Zone
Ottawa	gemäßigte Zone mit feuchtem Kontinentalklima, gehört zu den vier kältesten Hauptstädten der Welt
Moskau	(kühl-)gemäßigte Klimazone
Nairobi	tropische Klimazone
Buenos Aires	subtropische Klimazone mit feucht-tropischem Klima
Manila	wechselfeuchte Tropen

II. Die polare Klimazone

2.1 Die polare Klimazone und der Mensch

Aufgabe 1: Mögliche Lösungen:
Die Polarregionen dienen unserer Erde als Kühlschrenk und sorgen dafür, dass die Temperaturen weltweit im Gleichgewicht bleiben. Würde diese Funktionen wegfallen, wäre eine
limaerwärmung mit teils drastischen Folgen das Ergebnis. Weltweit würden sich die Temperaturen stark erhöhen, was in vielen Regionen das bisherige Leben unmöglich oder sehr
schwierig machen würde. Durch die Erhö-hung des Wasserspiegels der Weltmeere würden
auch Teile der Landschaften überflutet, wohingegen in anderen Gebieten unerträgliche Dürre
einkehren würde.

2.2 Die polare Klimazone und die Tierwelt

Aufgabe 1:

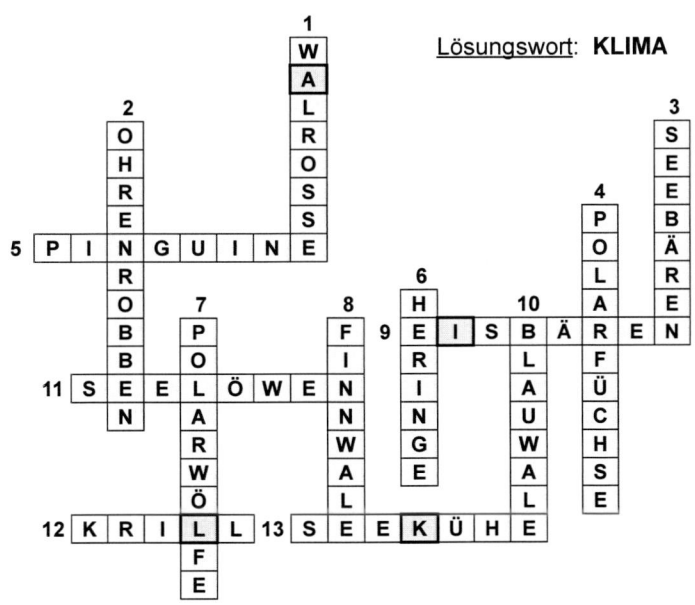

Lösungswort: **KLIMA**

II. Die polare Klimazone

2.3 Die polare Klimazone und die Pflanzenwelt

Aufgabe 1: Die Sonneneinstrahlung ist im Sommer zwar höher als im Winter, jedoch fallen die Sonnenstrahlen auch dann in einem sehr flachen Winkel auf den Boden, sodass keine Photosynthese ablaufen und keine Vegetation entstehen kann. Der Boden taut nur oberflächlich auf. Die vegetationslose Landschaft besteht also ausschließlich aus einer Eiswüste.

Aufgabe 2: Mögliche Lösung:

Südpol und Nordpol im Vergleich	
Gemeinsamkeiten	**Unterschiede**
Kälte	Antarktis liegt auf festem Untergrund
Eis und Schnee	Vegetation in der Arktis
Polregion der Erde	Tierwelt (Eisbären – Pinguine)
u.a.	u.a

III. Die subpolare Klimazone

3.1 Die subpolare Klimazone und der Mensch

Aufgabe 1:

Das Leben der Inuit	
früher	**heute**
erreichten Lebensunterhalt als Jäger, Jagdgeräte waren Harpunen und Geräte aus Knochen	arbeiten als Bergleute, Seeleute und auf Öl- oder Gasfeldern
führten zurückgezogenes Leben in ihrer Gemeinschaft	kaufen in Supermarkt ein
kleine Siedlungen mit fünf bis zehn Häusern	große Siedlungen mit Schulen und Geschäften
Kinder lernten alles von den Eltern, keine Schulen	Inuit fahren weite Strecken mit Motorschlitten
Jungen lernten Jagen und in der Natur zu überleben, Mädchen Haushaltsführung, Kleidungsherstellung und Kochen	industriell gefertigte Kleidung wird gekauft
	Probleme mit Alkoholabhängigkeit und Arbeitslosigkeit

Aufgabe 2:

Lernwerkstatt KLIMAZONEN & LANDSCHAFTEN
Von der Taiga bis zum Regenwald – Bestell-Nr. 11 965

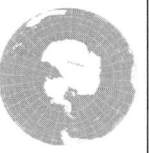

3 Die subpolare Klimazone

3.2 Die subpolare Klimazone und die Tierwelt

__Aufgabe 1:__

3.3 Die subpolare Klimazone und die Pflanzenwelt

__Aufgabe 1:__   a) Die Tundra (auch Kältesteppe genannt) bedeckt Teile der Subpolarzone der Arktis. Sie ist gewissermaßen die „Übergangszone" zwischen den arktischen Eisgebieten und dem nördlichen Nadelwald. Die Vegetation in der Tundra besteht aus einem baumlosen Pflanzenbestand, da die Böden zu einem Großteil des Jahres bis in eine Tiefe von 400 Metern gefroren sind (Permafrostböden) und nur im Sommer oberflächlich auftauen. Aus diesem Grund kann Schmelzwasser nicht abfließen und es ist trotz des relativ geringen Niederschlages genug Feuchtigkeit vorhanden, sodass Gräser, Kräuter und kleinere Sträucher in den wärmeren Monaten des Jahres wachsen können. Die Wachstumsvoraussetzungen der meisten Gewächse können allerdings nur in 2 – 3 Monaten des Jahres erfüllt werden, sodass die vegetative Phase nur sehr kurz ist. Größere Pflanzen können unter solchen Bedingungen nicht gedeihen, da ihre Wurzeln bis in die Permafrostböden reichen würden und sie während der Wintermonate nicht vollständig von der Schneedecke bedeckt werden würden, welche die kleineren Pflanzen schützt.

        b) Mögliche Lösung:
Das Besondere am Permafrostboden der Tundra ist, dass dieser das ganze Jahr hindurch gefroren bleibt und lediglich im Sommer oberflächlich antaut. Laut Definition muss dieser Boden mindestens zwei Jahre durchgehend gefroren bleiben, d. h. die Jahresdurchschnittstemperatur des Gebietes ist auch extrem niedrig.
Da der Boden gefroren bleibt, kann das Wasser aus Niederschlägen nicht in die Tiefe eindringen und es bleibt immer genügend Feuchtigkeit für die Vegetation auf der Oberfläche, obwohl es nur geringe Niederschläge gibt. So bewachsen Gräser, Kräuter und kleinere Sträucher den Permafrostboden der Tundra. Größere Pflanzen können auf Grund der benötigten Verwurzelungstiefe und des fehlenden Schneedeckenschutzes in den kälteren Monaten nicht auf dem Permafrostboden gedeihen.

3.4 Aus dem Leben der Inuit

__Aufgabe 1:__   b) Mögliche Lösungen:
Fanghaken, Harpune, Pfeil und Bogen, Bolas Jagdmesser

Lernwerkstatt KLIMAZONEN & LANDSCHAFTEN   –   Bestell-Nr. 11 965
Von der Taiga bis zum Regenwald

KOHL VERLAG

IV. Die gemäßigte Klimazone

4.1 Die gemäßigte Klimazone und der Mensch

Aufgabe 1:
a) Subpolarzone und Polarzone

b) Weil die vier Jahreszeiten dieser Zone Einfluss auf die Landwirtschaft haben.

Aufgabe 2: Mögliche Lösung:
Sollten die kleinen Bauernhöfe irgendwann tatsächlich wegfallen, müsste die Landwirtschaft ausschließlich auf Großbetriebe setzen, die sich in der Regel auf Monokulturen beschränken. Hält aber ein Betreib in immens großer Zahl z.B. Hühner zur Fleischerzeugung, steigt mit zunehmendem Tierbestand aber auch das Risiko einer Erkrankung dieser Tiere und deren massenhafter Verbreitung. Um dies zu vermeiden ist – auch um den großen wirtschaftlichen Schaden zu umgehen – ein erhöhter Ein-satz auch prophylaktisch gegebener Medikamente wie Antibiotika notwendig. Dies bedeutet für den Verbraucher, dass die Möglichkeit besteht, beim Verzehr unwissentlich diese aufzunehmen. Denkbar und wissenschaftlich nicht unwahrscheinlich ist eine steigende Resistenz gegen Antibiotika, d.h. bei einer Krankheit wirken die Medikamente nicht mehr dagegen.
Zudem ist die Gefahr bei Massentierhaltung größer, den Bedürfnissen er Tiere nicht mehr gerecht werden zu können und eine artgerechte Versorgung und Haltung schlichtweg nicht mehr leisten zu können. Hier ist der Tierschutz als Grundsatz sicherlich in Gefahr.
Erfolgt eine Monokultur beim Pflanzenanbau drohen ähnliche Gefahren. Ein Landwirt, er beispielsweise nur noch große Flächen Mais anbaut, möchte diesen möglichst ertragreich bewirtschaften. Hier ist es möglich, dass eine Überdüngung der Gebiete erfolgt und durch Insektizide der natürliche Kreislauf massiv geschädigt wird.
Sicherlich sind viele dieser Risiken auch bei kleineren Betrieben denkbar, doch deren Vielfalt im Anbau sichert unsere ökologische Vielfalt.

4.2 Die gemäßigte Klimazone und die Tierwelt

Aufgabe 1:
1 Eichhörnchen
2 Braunbär
3 Hase
4 Ente
5 Wolf
6 Reiher oder Storch
7 Hirsch

4.3 Die gemäßigte Klimazone und die Pflanzenwelt

Aufgabe 1:
a) Auf dieser Abbildung sieht man den Lebensraum Wiese. Diese naturbelassene Wiese zeigt eine Vielzahl verschiedenster Pflanzen, auch der unterschiedlichen „Stockwerke" der Wiese. Sowohl Blütenpflanzen als auch Gräser u.a. sind zu erkennen.
Diese Wiese dient vielen Tieren als Lebensraum, beispielsweise Schmetterlingen, Käfern und Raupen.

b) Man sieht auf diesem Foto einen dicht bewachsenen Wald, durch dessen hochgewachsenen und sicherlich alten Baumbestand das Sonnenlicht glitzert. Der Boden ist voll verrottendem Laub und bewachsen mit Strauchgewächsen und niedrigeren Pflanzen, die den Lebensraum Wald nutzen. Der Forstweg zeigt, dass dieser Wald zur Erholung aber auch zur Holzgewinnung genutzt wird.

c) Auf diesem Foto sieht man eine typische Wiesenlandschaft mit Obstbäumen, wie man sie im Süden Deutschland häufig antrifft. Eine Siedlung umgebend zeigt diese Landschaft eine vielfältige Nutzung: Rapsfelder, Obstbäume, Gras als Tierfutter und Wald zur Holzgewinnung.

d) Auf diesem Bild sieht man eine offensichtlich weitläufige flache Gegend im Hochsommer, die zum Anbau von Getreide genutzt wird. Der Mähdrescher drischt offensichtlich gerade das reife Korn, welches dann auf die wartenden Hänger geladen wird.
Als Grundlage für die Nahrungsmittelproduktion und für Tierfutter spielt Getreide eine große Rolle.

Lernwerkstatt KLIMAZONEN & LANDSCHAFTEN
Von der Taiga bis zum Regenwald – Bestell-Nr. 11 965

V. Die subtropische Klimazone

5.1 Die subtropische Klimazone und der Mensch

Aufgabe 1: A   Subtropische Klimazone

B   dass die meisten Menschen das warme Klima und den Sonnenschein genießen. Zudem hat für Viele das Meer und das mediterrane Klima einen großen Erholungsfaktor.

5.2 Die subtropische Klimazone und die Tierwelt

Aufgabe 1: Oft werden die großen braunen Dromedare mit Kamelen verwechselt. Der eindeutige Unterschied liegt jedoch in der Anzahl der auf Rücken befindlichen Höcker – ein Kamel besitzt zwei Höcker, während ein Dromedar am Einzelhöcker erkennbar ist. In diesen Höckern ist Fett eingelagert. Über längere Perioden des Hungerns kann ein Dromedar so von dem gespeicherten Fett eine Weile zehren, denn daraus gewinnt es auch Wasser und Energie. Wenn Dromedare trinken, nehmen sie gleich mehrere Liter auf. Die Körpertemperatur dieser Tiere steigt nur sehr langsam, sodass sie nicht allzu schnell ins Schwitzen geraten und nicht unnötig Wasser verlieren. Die Zehen sind in zwei geteilt. Ein Dromedar kann sich somit auf sandigen Flächen fortbewegen, ohne einzusinken. Da diese Tiere sogar sehr salzige und mit Dornen besetzte Pflanzen verzehren, haben sie keine Schwierigkeiten, die geeignete Nahrung zu finden.

Beinahe jeder kennt die riesigen Termitenhügel. Diese können unterschiedliche Formen und Größen aufweisen. Die Staaten bildenden Insekten gehen nicht auf Nahrungssuche, sondern haben ihre eigene Strategie entwickelt, um im harten Klima der Subtropen zu überleben. Im gekühlten Inneren ihrer Bauten züchten diese Insekten ihre eigenen Pilze. Von diesen ernähren sich Termiten. Die Arten sind vielfältig. Jede einzelne hat seine eigene Überlebensstrategie entwickelt.

Aufgabe 2: **Steckbrief: Dromedar**
Aussehen: werden oft mit Kamelen verwechselt, haben aber nur einen Höcker, zweigeteilte Zehen zum Schutz vor Einsinken in Sand, gespaltene Oberlippe, Nasenlöcher verschließbar, Schulterhöhe etwa 2 m, Gewicht etwa 300–700 kg
Besonderheiten / Lebensweise: lagern Fett als Vorrat im Höcker ein, gewinnen aus Vorrat Energie und Wasser, trinken mehrere Liter auf einmal, Körpertemperatur steigt nur langsam, zweigeteilte Zehen, fressen auch salzige und dornige Pflanzen
Verwandte: Trampeltiere (Kamele)
Vorkommen: vor allem in Nordafrika, Südasien, und Orient bis Indien

Steckbrief: Termiten
Aussehen: 2–20 mm lang, die Königin bis zu 140 mm, bräunlich bis schwarze Insekten mit Flügeln
Besonderheiten / Lebensweise: bilden Staaten, bauen riesige Termitenhügel, einige Arten züchten eigene Pilze im Inneren des Hügels, andere Arten fressen Totholz, es gibt Arbeiter, Soldaten und Geschlechtstiere
Verwandte: Schaben, Kakerlaken
Vorkommen: warme Gebiete, mittlerweile auch Arten in Deutschland

5.3 Die subtropische Klimazone und die Pflanzenwelt

Aufgabe 1: Individuallösung, z.B.:
Marokko, Libyen, Griechenland, Mexiko, Australien, usw.

Aufgabe 2: Möglich wären u.a.:
- Hartgehölze und immergrüne Eichenarten wie Steineiche, Kermeseiche oder Korkeiche
- Eukalyptusarten
- Mammutbaum
- Kakteen
- Sukkulenten

Lernwerkstatt KLIMAZONEN & LANDSCHAFTEN – Bestell-Nr. 11 965
Von der Taiga bis zum Regenwald

5.3 Die subtropische Klimazone und die Pflanzenwelt

Aufgabe 3:

humid	= in dieser Gegend ist der Niederschlag höher als die Verdunstung. Dadurch ist die Luft sehr feucht. Bis auf den Mittelmeerraum ist Europa so zu bezeichnen.
Vegetation	= die gesamten Pflanzen, die in einer Gegend wachsen.
Niederschlag	= Begriff der Meteorologie, der sich auf Wasser bezieht, dass aus Wolken, Nebel, Dunst oder Luft stammt und vom Wind aufgewirbelt wird oder sich auf der Erde absetzt. Beispiele dafür sind Regen, Schnee oder auch Tau.
arid	= in diesem Gebiet gibt es durchschnittlich weniger Niederschlag als Verdunstung, gemessen über die letzten 30 Jahre.

VI. Die tropische Klimazone

6.1 Die tropische Klimazone und der Mensch

Aufgabe 1: Individuelle Lösungen, z.B.:
Große Konzerne, v.a. Öl- und andere Rohstofffirmen bedrohen die indigenen Völker des Regenwaldes, weil sie diesen zu anderen Zwecken nutzen wollen und den Völkern damit die Lebensgrundlage rauben. Der Regenwald und auch seine menschlichen und tierischen Bewohner gelten als besonders schützenswert, weil das Gebiet als „grüne Lunge" der Erde angesehen wird. Es fungiert als Klimamacher und regelt Temperaturen, Verdunstungen und Niederschläge u.a.

Aufgabe 2: Mögliche Lösung:

Kind 1: „Hallo, ich heiße Julian. Ich wohne in Deutschland und bin über deine Lebensweise ganz erstaunt. Gehst du denn auch zur Schule?"

Urwaldkind: „Ja, zur Schule gehe ich auch. Dort lerne ich Portugiesisch. Alle Erwachsene in Brasilien schreiben und sprechen es. Aber zuhause sprechen wir in unserer Stammessprache. Mit meinem Vater und den anderen Männern gehe ich mittags immer jagen. Sie bringen mir alles bei, was ein Mann im Regenwald können muss."

Kind 1: „ Das klingt ja spannend. Geht deine Schwester da auch mit?"

Urwaldkind: „Nein, die Mädchen sind nicht dafür zuständig. Sie lernen zu kochen und auf dem Feld Nahrung anzubauen und zu ernten."

Weitere Fragen könnten sein:
– Wirst du immer im Regenwald leben?
– Möchtest du auch einmal in die Stadt ziehen?
– Welche Tiere jagt ihr im Regenwald?
– Gibt es bei euch auch gefährliche Tiere?
– Was bedroht den Regenwald?
– Merkst du etwas von der Zerstörung?

6.2 Die tropische Klimazone und die Tierwelt

Aufgabe 1: Sechs Prozent unseres Planeten sind mit Regenwald bedeckt. Doch auf dieser Fläche lebt mehr als die Hälfte aller Tier- und Pflanzenarten. Ein tropischer Regenwald ist wie ein Hochhaus in Stockwerke aufgeteilt und in jedem Stockwerk sind andere Bewohner zu Hause. Viele der Tierarten sind noch gar nicht bekannt oder erforscht. So gehen die Forscher davon aus, dass im Amazonasgebiet noch zahlreiche Reptilien- und Amphibienarten, aber auch Insekten und Säugetiere heimisch sind, die noch kein Mensch gesehen hat.

Lernwerkstatt KLIMAZONEN & LANDSCHAFTEN
Von der Taiga bis zum Regenwald – Bestell-Nr. 11 965

VI. Die tropische Klimazone

6.2 Die tropische Klimazone und die Tierwelt

Aufgabe 2:   Anhand der Grafik werden die einzelnen Stockwerke des Regenwaldes sowie deren Bewohner verdeutlicht. Vom Boden ausgehend beginnt man mit der Darstellung des Wassers, in dem beispielsweise Schildkröten und Frösche zu finden sind. Daran schließt sich der Waldboden an, der von zahllosen Insekten, Spinnen und anderem Kleingetier bevölkert wird. Darüber findet sich bis zu einer Höhe von etwa zehn Metern die Strauch- und Krautschicht, die den Lebensraum für Elefanten und Raubtiere wie z.B. dem Leopard bietet. Die Luftfeuchtigkeit liegt hier bei mehr als 90 Prozent, die Temperaturen sind verhältnismäßig niedrig und es kommt durch den dichten Bewuchs wenig Sonnenlicht durch. Im Regenwald Südamerikas sind für die Strauch- und Krautschicht Tapire und Wasserschweine typisch, in Asien Zwergotter und Asiatische Elefanten und in Afrika Mantelaffen. Auf die Strauch- und Krautschicht folgen der Unterwuchs mit zehn bis 20 Metern Höhe (beheimatet u.a. Affen wie z.B. Schimpansen und Kolibris), die Kronenregion mit 20 bis 40 Metern Höhe und als Abschluss die Baumriesen mit bemerkenswerten 40 bis 60 Metern Höhe. In dieser Höhe herrscht dann auch eine Luftfeuchtigkeit von unter 60 Prozent, dafür eine Temperatur von über 35 Grad mit voller Sonneneinstrahlung. Dies kommt den Lebensgewohnheiten von Papageien wie den Aras in Südamerika sehr entgegen. Dort leben auch Schmetterlinge und Fledermäuse. In der darunter liegenden Kronenregion findet sich als typischer Bewohner der Tukan. Hier herrschen 60 bis 75 Prozent Luftfeuchtigkeit bei Temperaturen bis zu 35 Grad und sehr unterschiedlicher Sonneneinstrahlung.

6.3 Die tropische Klimazone und die Pflanzenwelt

Aufgabe 1:   Individuelle Lösungen, z.B.:

R   egen
E   inmalig
G   roß
E   tagen
N   aturvölker
W   ichtig
A   temberaubend
L   unge
D   schungel

Aufgabe 2:   siehe Abbildung

Baumschicht

Strauchschicht bis 5 m

Krautschicht bis 1,5 m

Bodenschicht

VII. Die Landschaft der Savannen

7.1 Die Landschaft der Savannen: Dornbuschsavanne

Aufgabe 1:   **arid:**
Der Begriff meint, dass es in diesem Gebiet durchschnittlich weniger Niederschlag als Verdunstung gibt, gemessen über die letzten 30 Jahre.

Trockenzeit:
In den Tropen und Subtropen gibt es eine Jahreszeit, in der es nicht oder nur sehr wenig regnet. Diese nennt man die Trockenzeit.

semiarid:
Ein Gebiet, in dem es eine Trockenzeit gibt, das aber auch einige feuchte Monate aufweist, nennt man semiarid.

Winderosion:
So bezeichnet man einen Abtragungsprozess, der durch den Wind verursacht wird.

dämmerungsaktiv:
Lebewesen, die in erster Linie in zur Dämmerung aus ihren Höhlen und Unterkünften herauskommen, bezeichnet man als dämmerungsaktiv.

Lernwerkstatt KLIMAZONEN & LANDSCHAFTEN – Bestell-Nr. 11 965
Von der Taiga bis zum Regenwald

KOHL VERLAG

7.1 Die Landschaft der Savannen: Dornbuschsavanne

Aufgabe 2:

Tüpfel- und Streifenhyäne Schirmakazie Baobab Wüstenrose

7.2 Die Landschaft der Savannen: Feuchtsavanne

Aufgabe 1:

1	T	**E**	R	M	I	T	E	N
2		**L**	Ö	W	E			
3	A	F	F	**E**				
4	G	I	R	A	**F**	F	E	
5	Z	E	B	R	**A**			
6	H	Y	Ä	**N**	E			
7			**T**	I	G	E	R	

Aufgabe 2: Mögliche Lösung:
Vergleicht man die drei Savannenarten miteinander, werden doch einige Unterschiede deutlich. So nimmt beispielsweise die Niederschlagsmenge von Feuchtsavanne über Trockensavanne zu Dorn-strauchsavanne deutlich ab. Während der Boden der Dorn-strauchsavanne sandig ist und wenig Ve-getation herrscht, was sicherlich auch an der langen Trockenzeit von zehn Monaten liegt, ist der Bo-den der Trockensavanne sandig-lehmig und wenig bewachsen bei etwa sechs Monaten Trockenzeit. Die Feuchtsavanne hat nur etwa drei Monate Trockenzeit, was zu viel Bewuchs auf dem lehmigen Boden führt. Ein Beispiel für die artenarme Dornstrauchsavanne ist die Sahelwüste, für die Trocken-savanne die Kalahari und für die artenreiche Feuchtsavanne die Serengeti.

VII. Die Landschaft der Savannen

7.3 Die Landschaft der Savannen: Trockensavanne

Aufgabe 1: **Subkontinent:**
Ein Teil eines Kontinents, der klar abgegrenzt ist und als geschlossene Einheit betrachtet werden kann, wird als Subkontinent bezeichnet. Meist bezieht sich dieser Begriff auf den indischen Subkontinent, bei dem der Himalaya und andere Bergkette Indien vom Rest Asiens abgrenzen.

Tageszeitenklima:
Ein Tageszeitenklima findet man vor allem in den Tropen und Subtropen. Gemeint ist, dass die Temperaturunterschiede im Mittel während zwischen Tag und Nacht größer sind als zwischen einzelner Monate.

Vegetation:
Den Pflanzenbestand oder Bewuchs einer bestimmten Region oder eines bestimmten Gebietes bezeichnet man als dessen Vegetation.

Aufgabe 2: Mögliche Lösung:
Dieses Klimadiagramm zeigt die Temperaturen und Niederschlagsmengen eines Jahres der Region um Zinder in Niger. Während die Temperaturen innerhalb des Jahren im Bereich zwischen Minimum 23 Grad Celsius und Maximum 31 Grad Celsius im Hochsommer relativ gesehen wenig Steigung zeigen, ballt sich der Niederschlag rund um eine deutliche Spitze in den Monaten Juli und August.

Lernwerkstatt KLIMAZONEN & LANDSCHAFTEN
Von der Taiga bis zum Regenwald – Bestell-Nr. 11 965

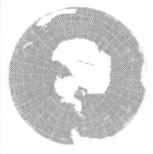

VIII.   Die Landschaft der norddeutschen Tiefebene

Aufgabe 1:   Mögliche Lösung:
An der deutschen See herrschen oftmals raue Wetterbedingungen. Häufig ist es kühler als beispielsweise in Süddeutschland, es regnet mehr und auch die Windverhältnisse sind anders. Es weht kräftiger Wind.
Im Großen und Ganzen stimmt die Klimabeschreibung mit den gemachten Wettererfahrungen überein. Die Lehrkräfte sollten jedoch darauf achten, die Begriffe Klima und Wetter zu differenzieren.

Aufgabe 2:   Dank der Küstenbegrenzung durch Nord- und Ostsee und der flachen Landschaft ohne höhere Gebirgsketten ist das Norddeutsche Tiefland den südwestlichen und nordwestlichen Winden ausgesetzt, die für einen anhaltenden und nahezu ganzjährigen Betrieb der Windkraftanlagen sorgen.

Aufgabe 3:   Das Norddeutsche Tiefland zeichnet sich durch große landwirtschaftliche Betriebe mit viel Monokultur aus. Größtenteils ist die Landschaft flach und eigent sich daher für ausgedehnte Windparks zur Stromgewinnung. Es gibt viele Gewässer, Moore und Heidelandschaften. Die Heidelandschaften zeichnen sich durch Birke, Heidekraut und weidende Heidschnucken aus. Flächendeckende Wälder und ausgeprägte Gebirge sind so gut wie nicht anzutreffen. Die Besiedelung ist bis auf wenige Ballungsräume eher dünn.

IX.   Die Landschaft der Gebirge

9.1 Die Landschaft der Gebirge: Mittelgebirge

Aufgabe 1:

Lernwerkstatt KLIMAZONEN & LANDSCHAFTEN
Von der Taiga bis zum Regenwald   –   Bestell-Nr. 11 965

9.1 Die Landschaft der Gebirge: Mittelgebirge

Aufgabe 1:

a)	**Teutoburger Wald**	Barnacken	k)	**Taunus**	Gr. Feldberg
b)	**Harz**	Brocken	l)	**Rothaargebirge**	Langenberg
c)	**Westerwald**	Fuchskaute	m)	**Eifel**	Hohe Acht
d)	**Vogelsberg**	Taufstein	n)	**Rhön**	Wasserkuppe
e)	**Thüringer Wald**	Gr. Beerberg	o)	**Erzgebirge**	Fichtelberg
f)	**Fichtelgebirge**	Schneeberg	p)	**Oberpfälzer Wald**	Kreuzfelsen
g)	**Spessart**	Geiersberg	q)	**Hunsrück**	Erbeskopf
h)	**Odenwald**	Katzenbuckel	r)	**Fränkische Alb**	Dürrenberg
i)	**Bayerischer Wald**	Gr. Arber	s)	**Pfälzer Wald**	Kalmit
j)	**Schwäbische Alb**	Lemberg	t)	**Schwarzwald**	Feldberg

9.2 Die Landschaft der Gebirge: Hochgebirge

Aufgabe 1: Mögliche Lösung:
Der Bürgermeister eines Ferienortes hat sowohl die Aufgabe, für eine wirtschaftliche Sicherheit des entsprechenden Ortes zu sorgen und ist auf der anderen Seite auch für den Naturschutz mitverantwortlich. Bei der Entscheidung über ein weitreichendes Bauvorhaben wie ein Skigebiet gibt es daher viele Faktoren zu berücksichtigen und auch gegeneinander abzuwägen.
Ich vermute, dass ich dem Baugesuch nicht zustimmen würde. Für wenige Monate des Jahres erfolgt ein massiver Eingriff in die Natur, der auch die Pflanzenwelt des Gebietes zerstört. Auch der Gedanke an den Lawinenschutz sollte nicht außer Acht gelassen werden. Zudem zieht ein Skigebiet auch weitere Einflüsse auf die Menschen, die dort wohnen nach sich. Das erhöhte Verkehrsaufkommen, der Lärm, der Müll etc. wird die Lebensqualität der Anwohner sicherlich nicht verbessern.

Aufgabe 2: Individuelle Zeichnungen

X. Die Landschaft der Steppen: Tundra und Taiga

Aufgabe 1: Mögliche Lösung:

Tundra	Taiga
• Grönland, Island, Skandinavien, Sibirien bis Nordamerika • 6 – 10 Monate Winter, bis –30°C • Permafrostboden • Schmelzwasser fließt nicht ab, Sumpf- und Moorflächen • tierreich, z.B. Moschusochsen, Lemminge u.a. • keine Bäume, niedriger Bewuchs • im Sommer artenreich mit vielen Gräsern, Beeren und Blühpflanzen • Inuits und Lappen legen im Sommer viele Vorräte für langen Winter an	• größtes geschlossenes Waldgebiet der Erde • auch borealer Wald genannt • quer durch Eurasien und in Nordamerika • Holzgewinnung • Fichten, Lärchen, Kiefern, Tannen • Klima subarktisch, lange kalte Winter • ausreichend Wasser • viele Tiere, bspw. Rehwild, Elche, Bären

Lernwerkstatt KLIMAZONEN & LANDSCHAFTEN
Von der Taiga bis zum Regenwald   –   Bestell-Nr. 11 965

XI. Die Landschaft der Wüsten

11.1 Die Landschaft der Wüsten: Eiswüste

Aufgabe 1:

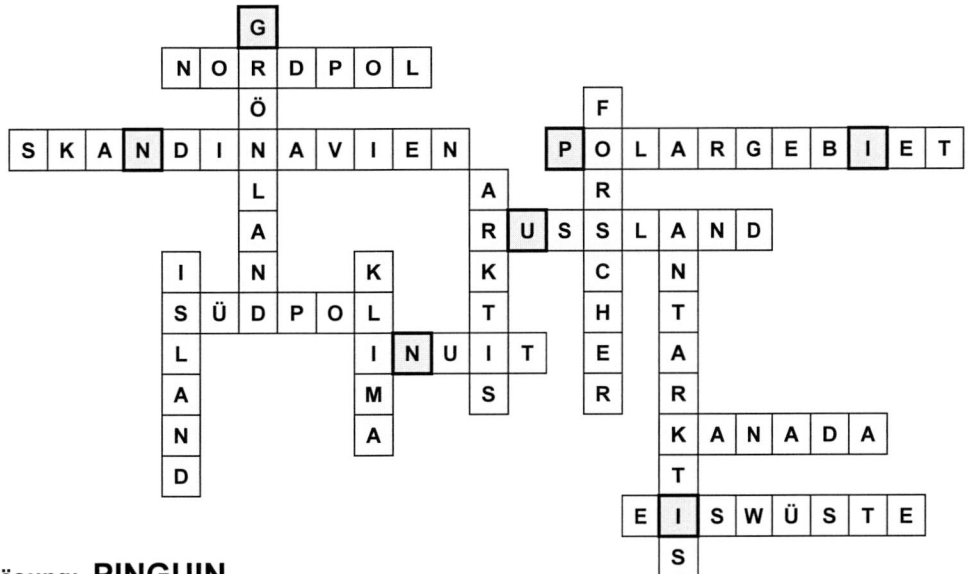

Lösung: PINGUIN

Aufgabe 2: Mögliche Lösung:
Die Eiswüste gehört zu den trockensten Gebieten der Erde, weil es äußerst seltene Niederschläge gibt. Zudem wird durch die dicke Eisschicht auch keine Feuchtigkeit über den Boden aufgenommen. Charakteristisch für die Eiswüste sind darum starke Winde mit kalter Luft und kaum Pflanzenwuchs.

11.2 Who is who? – Antarktis oder Arktis

Aufgabe 1:

Arktis	Antarktis
Mich nennt man auch Nordpol.	Man nennt mich auch Südpol.
Ich bin ein schwimmender Eispanzer ohne festen Grund dazwischen.	Ich bin der größte Süßwasserspeicher der Erde.
Eisbären gibt es aber nur in meiner Region.	In meinem Gebiet leben Pinguine.
In meinem eisigen Gebiet haben sich Menschen angesiedelt.	In meinem Gebiet gibt es nur ein paar Forscher und Wissenschaftler.

11.3 Die Landschaft der Wüsten: Steinwüste

Aufgabe 1: Mögliche Lösungen:
- Asrir n`Tamda in Marokko
- Faucigny in Frankreich
- Reg el Abiod in Marokko u.a.

Aufgabe 2:
a) 8,7 km²
b) 10°C
c) Fata Morgana
d) Tuareq
e) Ägypten, Algerien, Libyen, Mali, Marokko, Mauretanien, Niger, Sudan, Tschad, Tunesien, Arabi-sche-Republik West-Sahara

Lernwerkstatt KLIMAZONEN & LANDSCHAFTEN Von der Taiga bis zum Regenwald – Bestell-Nr. 11 965

KOHL VERLAG

XI. Die Landschaft der Wüsten

11.4 Die Landschaft der Wüsten: Sandwüste

Aufgabe 1:
    a) Mögliche Lösungen:
        Karakum in Turkmenistan
        Alxa oder Alashan in der Mongolei
        Victoria-Wüste in Australien

    b) Individuelle Lösung

Aufgabe 2: Lösung Witz: Was ist der Unterschied zwischen deinem Lehrer und einer Wanderdüne? – Die Wanderdüne ist schneller.

XII. Rätseln, Basteln, Spielen

12.1 Rätsel zur polaren Klimazone

Aufgabe 1:

```
1  E  I  S  B  A  E  R
2 K A E L T E
3 F O R S C H E R
   4 S C H N E E
5 E I S W U E S T E
6 E I S B E R G E
```

12.2 Rätsel zur subpolaren Klimazone

Aufgabe 1:

Lösungswort: ARKTIS

12.3 Rätsel zur gemäßigten Klimazone

Aufgabe 1: In der gemäßigten Zone leben viele Menschen von der Viehzucht oder vom Ackerbau. Da es vier Jahreszeiten gibt, ermöglicht das ihnen im Frühling Sachen anzupflanzen und dann im Herbst wieder zu ernten. Wenn es im Sommer zu viel oder zu wenig regnet oder es zu kalt ist, können die Pflanzen nicht richtig wachsen oder sie gehen kaputt, das wirkt sich dann nicht nur auf den landwirtschaftlichen Betrieb, sondern auf die ganze Bevölkerung aus. Anders als in den Tropen müssen die Menschen in dieser Zone Vorräte für den Winter anlegen. Zukünftig sollte vermehrt darauf geachtet werden, dass viele Bauernhöfe erhalten bleiben, denn die Höfe sind ein wichtiger Bestandteil der gemäßigten Zone.

Lernwerkstatt KLIMAZONEN & LANDSCHAFTEN
Von der Taiga bis zum Regenwald – Bestell-Nr. 11 965

XII.   Rätseln, Basteln, Spielen

12.8   Augen auf!

<u>**Aufgabe 1:**</u>

Bildnachweis